新駅舎・旧駅舎 2

日本全国「あの駅」の改築前・改築後をさらに比較!!

西崎さいき

イカロス出版

もくじ

●まえがき …… 4

●特別編

大阪駅 …… 6
東中野駅 …… 8
米子空港駅 …… 10
餘部駅 …… 12
【コラム】駅舎改築のパターン 14

●なつかしの名駅舎

由仁駅 …… 16
神町駅 …… 16
鹿沼駅 …… 17
佐野駅 …… 17
弁天橋駅 …… 18
長山駅 …… 18
牛久保駅 …… 19
山田上口駅 …… 19
紀伊田辺駅 …… 20
加茂駅 …… 20
嵯峨嵐山駅 …… 21
灘駅 …… 21
宮津駅 …… 22
豊岡駅 …… 22
岩国駅 …… 23
三津駅 …… 23
直方駅 …… 24
上熊本駅 …… 24

●駅ビル化

浦和駅 …… 26
原宿駅 …… 26
新大久保駅 …… 26
大塚駅 …… 26
板橋駅 …… 27
国分寺駅 …… 27
熱海駅 …… 27
大曽根駅 …… 27
太市駅 …… 28
門司駅 …… 28
福工大前駅 …… 28
水前寺駅 …… 28

●高架化

新川駅 …… 30
南千住駅 …… 30
武蔵小金井駅 …… 30
南多摩駅 …… 30
福井口駅 …… 31
花園駅 …… 31
福知山駅 …… 31
東岸和田駅 …… 31
大元駅 …… 32
行橋駅 …… 32
佐世保駅 …… 32
日向市駅 …… 32

●橋上化

美唄駅 …… 34
幌向駅 …… 34
和田駅 …… 34
好摩駅 …… 34
西目駅 …… 35
磯原駅 …… 35
片岡駅 …… 35
新津駅 …… 35
袖ケ浦駅 …… 36
佐倉駅 …… 36
榎戸駅 …… 36
八街駅 …… 36
東福生駅 …… 37
鴨居駅 …… 37
神領駅 …… 37
貴生川駅 …… 37
祝園駅 …… 38
郡山駅 …… 38
八尾駅 …… 38
志都美駅 …… 38
鳳駅 …… 39
綾部駅 …… 39
大久保駅 …… 39
瀬野駅 …… 39
安芸阿賀駅 …… 40
城野駅 …… 40
古賀駅 …… 40
基山駅 …… 40

●合築化

音威子府駅 …… 42
美深駅 …… 42
生田原駅 …… 42
大楽毛駅 …… 42
浪岡駅 …… 43
十二湖駅 …… 43
大更駅 …… 43
遊佐駅 …… 43
槻木駅 …… 44
船引駅 …… 44
七日町駅 …… 44
会津川口駅 …… 44
桑川駅 …… 45
間藤駅 …… 45
神城駅 …… 45
福岡駅 …… 45
金丸駅 …… 46
美山駅 …… 46
周参見駅 …… 46
伯耆溝口駅 …… 46
備後三川駅 …… 47
荘原駅 …… 47
由岐駅 …… 47
土佐大正駅 …… 47
犀川駅 …… 48
牛津駅 …… 48
阿蘇下田城駅 …… 48
あさぎり駅 …… 48

●改修

幾寅駅 …… 50
今別駅 …… 50
大野駅 …… 50
下馬駅 …… 50
成東駅 …… 51
東所沢駅 …… 51
三鷹駅 …… 51
替佐駅 …… 51
信濃大町駅 …… 52
三国港駅 …… 52
伊勢市駅 …… 52
切目駅 …… 52
岩出駅 …… 53
笠置駅 …… 53
湖山駅 …… 53
玉造温泉駅 …… 53
木次駅 …… 54
備前片上駅 …… 54
誕生寺駅 …… 54
雀田駅 …… 54
多度津駅 …… 55
本山駅 …… 55
阿波池田駅 …… 55
阿波川口駅 …… 55
田川伊田駅 …… 56
肥前浜駅 …… 56
木花駅 …… 56

●特殊パターン

弘前駅 …… 58
大甕駅 …… 58
白山駅 …… 58
笠島駅 …… 58
牛浜駅 …… 59
岩波駅 …… 59
桑名駅 …… 59
和歌山市駅 …… 59
徳山駅 …… 60
戸畑駅 …… 60
八幡駅 …… 60
鹿児島駅 …… 60

●増築・駅前整備

大成駅 …… 62
双葉駅 …… 62
有備館駅 …… 62
市川駅 …… 62
鹿島田駅 …… 63
塩崎駅 …… 63

湯河原駅……64
可児駅……64
草津駅……64
堺市駅……64
朝霧駅……65
大富駅……65
屋島駅……65
小森江駅……65
東郷駅……66
柚須駅……66
博多南駅……66
けやき台駅……66

●減築

十勝清水駅……68
母恋駅……68
各務ケ原駅……68
三石駅……69
東津山駅……69
上八木駅……69
折居駅……70
鳴門駅……70
北宇和島駅……70
狩生駅……70

●移転

新冠駅……72
苗穂駅……72
新花巻駅……72
織笠駅……72
常陸太田駅……73
飯山駅……73
春日山駅……73
関山駅……73
福井駅停留所……74
枇杷島駅……74
六地蔵駅……74
馬堀駅……74
恵美須町駅……75
北条町駅……75
中浜駅……75
境港駅……75
広電宮島口駅……76
高松駅……76
讃岐塩屋駅……76
新水前寺駅前電停……76

●新旧同居

沼ノ端駅……78
本輪西駅……78
腹帯駅……78
男鹿駅……79
高屋駅……79
津谷駅……79
岩出山駅……80
白岡駅……80
銚子駅……80
栗橋駅……81
上総東駅……81
湯田中駅……81
刈谷駅……81
垂井駅……82
湯浅駅……82
奈良駅……82
木ノ本駅……83
福崎駅……83
服部駅……83
【コラム】一時的新旧同居駅……84
松田・波高島・勝間田・金川・牛島・久留米・肥前白石

●表裏逆転

高畠駅……86
陸前落合駅……86
羽前長崎駅……86
東飯能駅……86
原当麻駅……87
足柄駅……87
小町屋駅……87
紀三井寺駅……87
京田辺駅……88
山城多賀駅……88
城陽駅……88
神野駅……88
生野駅……89
可部駅……89
昭和町駅……89
日和佐駅……89
酒殿駅……90
新水前寺駅……90
肥後大津駅……90
暘谷駅……90

●解体

湯谷温泉駅……92
鳥居駅……92
西幡豆……92
新堂駅……92
須波駅……93
西三次駅……93
後藤駅……93
五十猛駅……93
屋島登山口駅……94
喜多灘駅……94
土佐岩原駅……94
駒鳴駅……94

●被災

有家駅……96
陸中山田駅……96
大槌駅……96
下船渡駅……96
陸前高田駅……97
陸中折居駅……97
夜ノ森駅……97
志津川駅……98
陸前大塚駅……98
荒浜駅……99
塚山駅……99
六甲道駅……99
遠賀川駅……99
木葉駅……100
赤水駅……100
内牧駅……100
小内海駅……100

●改称

知床斜里駅……102
相内駅……102
南千歳駅……102
三厩駅……103
大鰐温泉駅……103
鷹巣駅……103
鹿角花輪駅……104
湯瀬温泉駅……104
二戸駅……104
鳴子温泉駅……105
鳴子御殿湯駅……105
仙台貨物ターミナル駅……105
十王駅……106
沢入駅……106
神戸駅……106
真岡駅……107
上越妙高駅……107
勝沼ぶどう郷駅……107
能美根上駅……108
赤十字前駅……108
おごと温泉駅……108
寝屋川公園駅……109
新今宮駅前駅……109
百済貨物ターミナル駅……109
西宮駅……110
日吉駅……110
コウノトリの郷駅……110
西脇市駅……111
大篠津町駅……111
清流新岩国駅……111
出雲神西駅……112
みの駅……112
九州工大前駅……113
城戸南蔵院前駅……113
大野城駅……113
崇城大学前駅……114
三股駅……114
霧島温泉駅……114

●仮駅舎

弟子屈駅……116
女満別駅……116
琴似駅……116
仁賀保駅……116
羽前椿駅……117
滑河駅……117
上総松丘駅……117
武蔵溝ノ口駅……117
茅野駅……118
佐用駅……118
刑部駅……118
今治駅……118
春日駅……119
水城駅……119
神埼駅……119
唐津駅……119

●おくづけ……120

まえがき

「新駅舎・旧駅舎」の第2弾である。第1弾の出版から4年、駅舎の改築のペースは落ちることなく、あれからさらに多くの貴重な駅舎が失われた。

駅舎が改築される条件といえば、かつては「老朽化」がその主な理由だった。

しかし現在では、鉄道の経営はどこも厳しく、コスト削減のため小さく簡素な駅舎に建て替える例が増えている。とくに平成7（１９９５）年1月17日の阪神大震災以降は、建物の耐震・防火基準が厳しくなり、基準に満たない駅舎がまだまだ使えそうでも建て替えられてしまうようになった。

また、平成18（２００６）年12月20日施行のバリアフリー法によっても改築を余儀なくされる例も出ている。

とくにコスト削減というのは非常に大きく、現在、国鉄時代から残っている木造駅舎はそのほとんどが改築対象になっているといっても過言ではない。

このように駅舎が改築される条件は厳しくなる一方だ。いま残っている木造駅舎をしっかりと記録に残しておきたいものである。

西崎さいき

国鉄当時の加古川駅舎。平成16(2004)年に高架化された。(昭和56(1981)年撮影)

特別編

本来、駅舎の改築のサイクルはだいたい50年といわれる。いちど駅舎を造ってしまえば50年使いましょうという想定だ。もちろん、なかには70年、80年、場合によっては100年を超えて使い続けている長寿な駅舎もある。

そのいっぽうで、数年という短いサイクルで変化を繰り返す駅舎もある。それには周辺の発展度合いや環境の変化が大きく関わっている。

ここでは、そんな何度も変化を重ねてきた駅舎を見てみよう。

大阪駅

東海道本線・大阪府

歴史は古いが いまだ開発途上

●駅の誕生と発展

明治7（1874）年5月、国鉄が大阪－神戸間を開業、大阪駅が誕生した。初代の駅舎は赤煉瓦造り2階建てで、現在よりやや南側にあった。周辺は田園地帯で民家はわずかしかなかったという。当時、洋風建築はたいへん珍しく、多くの見物人が集まったという。

当初は貨物が主体で駅もそれを考慮した立地だったが、やがて旅客が増大すると使い勝手の悪さが浮き彫りとなった。

そこで、明治34（1901）年7月に現在地に移転し、駅舎も石造りの2代目となった。正面中央部分が2階まで吹き抜けとなった豪華なゴシック風建築でやはり住民の注目の的になった。

国鉄当時の駅名標（昭和56(1981)年撮影）

やがて駅付近の発展にともない都市計画事業が進行し、昭和9（1934）年6月に線路が高架化され、翌年に2代目駅舎が解体され仮駅舎での営業となった。

●未完成だった3代目駅舎

3代目駅舎は昭和15（1940）年6月に営業開始された。東京オリンピックの開催を見込んで3階から5階まではホテルにする予定だったが、戦争の影響でオリンピックが中止となったため2階までの暫定開業となった。

その後も工事は続けられたが、計画は変更され昭和18（1943）年11月に3階建て・一部5階建ての凸型の3代目駅舎が完成した。

3代目駅舎（昭和50(1975)年ごろ撮影）

●アクティ大阪

こうしてできあがった3代目駅舎だったが、戦後の復興が進むにつれ、利用客増や経済の急成長という中で、周辺から取り残された存在となっていった。そこで新しい大阪の顔にふさわしいターミナルとしての駅舎の存在が望まれるようになり、長く親しまれてきた3代目駅ビルは建て替えられることになった。

そして、昭和58（1983）年4月に地上27階・地下4階の4代目駅舎「アクティ大阪」が開業、テナントに百貨店大丸とホテルグランヴィアが出店した。

アクティ大阪（平成18(2006)年撮影）

ちなみに、商業やホテル業務を分けるため昭和54（1979）年12月に駅北側にビル（通称「北ビル」）を建設し、駅業務はそこに集約した。

北口の旧駅ビル、通称「北ビル」（平成18(2006)年撮影）

●駅ビル増床と北口再開発

「アクティ大阪」はさらに増床し、平成23（2011）年3月に「サウスゲートビルディング」と名を変えた。

北口の再開発も始まり、ビルの建設が計画された。これにより「北ビル」は解体され、跡地に29階建ての商業・オフィスビル「ノースゲートビルディング」が平成23（2011）年5月にオープンした。南口と北口を跨ぐ連絡通路も造られ、2つ

アクティ大阪 (平成18(2006)年撮影)

「アクティ大阪」を増床し「サウスゲートビルディング」となった。(平成23(2011)年撮影)

旧大阪中央郵便局。昭和14(1939)年竣工。大阪駅の南側にあり、駅とは地下道で結ばれていた。平成24(2012)年12月に解体された。

(平成21(2009)年撮影)

ノースゲートビルディング (平成25(2013)年撮影)

「サウスゲートビルディング」正面 (平成23(2011)年撮影)

大阪ステーションシティ (平成23(2011)年撮影)

の駅ビルを含む大阪駅を総称して「大阪ステーションシティ」と名付けられた。

●梅田貨物駅跡地再開発

大阪駅の北側には梅田貨物駅が広大な敷地を占有していた。明治時代に大阪駅の貨物扱いを分離してできた歴史ある貨物駅だが、これを他の貨物駅に分散して廃止し、その跡地を再開発しようという計画が持ち上がった。

そして梅田貨物駅は平成25(2013)年4月に廃止されて「梅田信号場」となり、貨物設備はあらかた撤去され、京都・新大阪と関西空港・紀州方面とを結ぶ特急列車が細々と運行されるのみとなった。

梅田貨物駅本屋 (平成20(2008)年撮影)

この「梅田信号場」を通る列車は大阪駅を通過する。そのため大阪駅で乗り換えができるようにこの区間を地下化し新しい大阪駅ホームを造ることになった。この地下新線は令和5(2023)年3月に開業。「うめきた地下口」と命名され、大阪駅とつながり関西空港・紀州方面へのアクセスが向上した。ただし、北側周辺は大規模な再開発の真っ最中である。

梅田貨物駅俯瞰 (平成25(2013)年撮影)

●これからの大阪駅

現在、大阪駅とJR難波駅および南海本線の新今宮駅とを結ぶ新線「なにわ筋線」が建設されている。大阪地下駅に乗り入れ、新大阪・大阪と関西空港とのさらなるアクセス向上が計画されている。これからの発展も目が離せない。

うめきた地下口 (令和5(2023)年撮影)

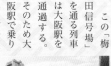

東中野駅
中央本線・東京都

最新の駅ビルと共に昭和の雰囲気も残る

●甲武鉄道・柏木駅として開業

東京都中野区の東部にある東中野駅。新宿からも近く、住宅密集地にあるが、列車は各駅停車のみが停車し、特別快速・快速列車は通過してしまう。

そんなやや影の薄い東中野駅は、明治22(1889)年4月に甲武鉄道として開通して17年経った明治39(1906)年6月に「柏木(かしわぎ)駅」として開業し、現在の東口が設置された。

こうして開業した駅だが、同年10月に国有化、そして大正6(1917)年1月に「東中野」に改称している。

●人口増加により駅舎建設

関東大震災以降、周辺の人口が急激に増えたことにより、駅の利用客も増え、それに対応するため昭和2(1927)年に現在の東口の南側に駅舎が造られた。のちに改札が橋上に移った後も、地上の駅舎は手荷物の取り扱い口として残された。

昭和59(1984)年2月に荷物の取り扱いは廃止されたが、地上の駅舎は平成12(2000)年ごろまでは残っていた。現在は解体され、コンビニになっている。

昭和29年頃　東中野駅

東口の駅前に設置されている昭和29(1954)年ごろの東口駅舎の写真。

旧駅舎の閉鎖された手荷物口と階段上り口。(平成9(1997)年撮影)

改札は橋上に移ったが、地上の駅舎はまだ残っていた。(平成9(1997)年撮影)

昭和の雰囲気が残っている東口北側。(平成25(2013)年撮影)

現在の東口。旧駅舎は解体されコンビニになった。(平成25(2013)年撮影)

東口改札。昭和の駅舎を使用している。(平成25(2013)年撮影)

●西口の開設

西口は、利用客の増加に対応して昭和3(1928)年に開設された。改札は橋上に設けられ、地上には階段の上り口だけがあるという簡素なものだった。

平成9(1997)年12月に地下鉄12号線(大江戸線)が開業し、西口が地下鉄との乗換え口となった。

旧西口・北側。階段上り口にKIOSKがあり、ローカルな佇まいだった。(平成9(1997)年撮影)

●新しい西口と駅ビル建設

このころから西口の本格的な開発が始まった。それまでの西口駅舎の西側に線路を覆うように人口地盤を建設するという大掛かりな工事が行われた。

駅ビル開業により新しくなった改札。(平成25(2013)年撮影)

そして平成24(2012)年8月に駅ビル「アトレヴィ東中野」が駅前広場に先駆けて開業した。同時に改札も新しくなっている。

駅前広場より先に駅ビルが開業した。(平成25(2013)年撮影)

そして、平成27(2015)年3月に西口駅前広場が完成した。

地下鉄との乗り換えもスムーズになり、駅前ロータリーができたことにより駅前の都道317号線とのアクセスも格段に向上した。

昭和の駅舎が残る東口も、いずれ近代化が行われることだろう。

駅ビル建設時に新しくなった西口北側。(平成29(2017)年撮影)

平成27(2015)年に西口駅前広場が完成した。(平成29(2017)年撮影)

同様に西口南側も新しくなった。(平成29(2017)年撮影)

米子空港駅

境線・鳥取県

駅は新しいが歴史は古い

●駅の前身

米子空港駅は平成20（2008）年6月に設置された新しい駅だが、この駅の歴史は明治時代にまでさかのぼる。

明治35年11月1日、鉄道建設のための資材や機関車を動かす石炭を搬入するため、境（現・境港）－御来屋間36・8キロが官設鉄道により山陰地方で初めて開通した。

そのとき開業した境・大篠津・後藤・米子・淀江・御来屋の6つの駅のうち、大篠津駅が米子空港駅の前身である。

大篠津駅（平成3(1991)年撮影）

●飛行場のまちへ

昭和18（1943）年、大篠津村に海軍航空隊美保基地と予科練が置かれた。大篠津駅は飛行場の最寄り駅として、人や物資の流通でにぎわうようになり、終戦直後には駅前通りには民家や商店が建ち並んでいたという。

●住民の集団移転

昭和54（1979）年3月、美保基地にジェットエンジン搭載のC1輸送機が配備され、騒音対策として駅前住民の集団移転が行われた。さらに昭和55（1980）年10月には米子空港ターミナルビルが現在地に移転したことにより、大篠津駅は無人地帯にポツンと取り残される状態になった。

廃墟のようだった晩年の大篠津駅（平成14(2002)年撮影）

●空港滑走路延長計画

美保飛行場（米子空港）は、滑走路の長さが2000メートルしかなく、大型機の着陸ができないことが問題視されていた。そこで滑走路を2500メートルに延長することになった。

ただし、それを行うには滑走路の一部が境線の線路にかかってしまうことから、線路を迂回させることになった。その迂回区間に大篠津駅が含まれており、駅を移転することも決まった。

大篠津駅から見た米子空港（平成20(2008)年2月撮影）

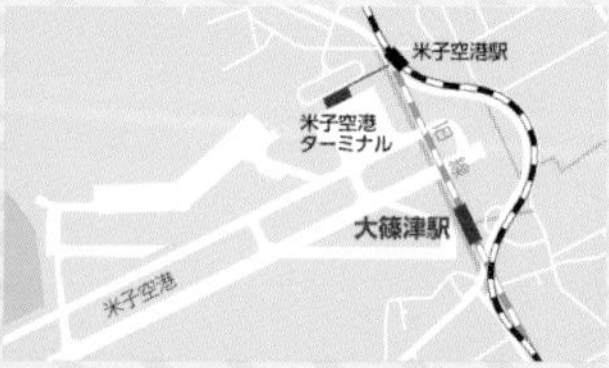

移転を終え解体を待つ大篠津駅（平成20(2008)年6月撮影）

●線路移設・駅移転

こうして、平成20（2008）年6月に、直線距離で約800メートル北に移転して米子空港駅が開業した。開業当初は片面ホームに上家があるだけのとても簡素な駅だった。空港ターミナルビルへは直線距離で約250メートルほどだったが、連絡通路が整備されておらず、一般道を迂回しなければならなかった。

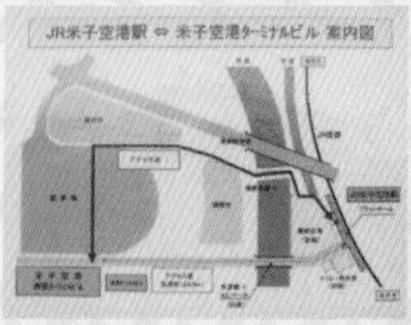

開業直後の米子空港駅。手前の砂利は旧線跡。空港ターミナルへは迂回しなければならなかった。（平成20(2008)年6月撮影）

●駅舎を設置・連絡通路の完成

周辺工事はさらに続けられ、平成21（2009）年4月にはベンチとトイレがある簡易な駅舎が設置された。しかしこの時点ではまだ空港へは迂回を余儀なくされていた。

駅舎内部
（平成21(2009)年6月撮影）

駅舎が造られたが、駅前の歩道橋はまだ無かった。
（平成21(2009)年6月撮影）

駅舎を俯瞰
（平成21(2009)年6月撮影）

駅舎の完成から半年経った平成21（2009）年10月、待ちに待った駅前のエレベーター付きの横断歩道橋が供用開始された。これで駅から空港ターミナルビルまで雨に濡れずに約5分で行き来できるようになり、米子空港駅の一応の完成となった。

鉄道と同様に道路も付け替えられた。真っ直ぐ伸びている道が旧道。
（平成21(2009)年6月撮影）

駅前に歩道橋が開通し、駅と直結した。
（平成22(2010)年9月撮影）

旧道はいったん通行禁止となったが、現在は空港利用者用の駐車場になっている。（平成22(2010)年9月撮影）

空港ターミナルまで屋根付きの歩道が設けられた。正面が空港ターミナル。
（平成22(2010)年9月撮影）

ちなみに、大篠津駅の移転により歴史ある「大篠津」の名が消えることを惜しんだ住民の要望により、米子空港駅の開業と同時に1つ米子寄りの「御崎口」が「大篠津町」に駅名を改称している。

米子空港駅から空港ターミナルをのぞむ。（平成22(2010)年9月撮影）

餘部駅

山陰本線・兵庫県

鉄橋は架け替えられ 新しい観光名所に

国鉄当時の余部橋梁。(昭和56(1981)年撮影)

●東洋一と謳われた余部鉄橋

JR山陰本線にある余部橋梁は、41・5メートルもの高さを誇る鉄道名所で、鉄道ファンでなくてもその存在を知られている。餘部駅はそんな余部橋梁のすぐそばにある。

余部橋梁の開通は明治45(1912)年3月。そのとき餘部駅はまだ無く、余部の住民たちが列車に乗ろうとすれば余部橋梁を歩いて渡り、隣の鎧駅まで行かなければならなかった。

駅から見た余部橋梁(平成6(1994)年撮影)

しかし、それはあまりにも危険だということで、熱心に国鉄に要望し、駅が設置されることになった。駅の建設には住民たちも協力し昭和34(1959)年4月に餘部駅が開業した。

こうして開業した餘部駅だが、山の中腹にあるため、地上から細い坂道を約10分も上らなければホームにたどりつけないような駅だった。

国鉄当時は木造の待合室があったが後に撤去された。

(上段：昭和56(1981)年、下段：平成6(1994)年撮影)

●橋梁架け替え計画

さて、赤く塗られた鉄骨で組み上げられ、その美しさで全国に知られた余部橋梁も、建築から90年が経過し老朽化が問題となっていた。昭和61(1986)年12月には回送中だったお座敷列車「みやび」が、橋梁を通過中に突風にあおられ転落し、6名が死亡、6名が重傷を負うという大事故を起こしており、風に弱いという問題点もあった。

そこで、老朽化および強風対策のため新しい橋梁に架け替えられることになったのである。

架け替え工事が始まった余部橋梁。(平成20(2008)年撮影)

●新橋梁開通

新しい橋梁は平成19(2007)年3月に着工、旧橋梁の山側に建設され、平成22(2010)年8月にコンクリート造りの2代目余部橋梁が完成した。

そして橋梁の完成と同時に餘部駅の線路がホームの海側から山側に移設され、ブロック造りの待合室も新設された。のちには駅待合室へ直結する通路も新設された。

完成した新橋梁と、建設中の新しい待合室と通路。(平成22(2010)年9月撮影)

旧橋梁から見た風景。(平成20(2008)年撮影)

旧橋梁を観光施設として整備

役目を終えた旧余部橋梁は解体されるのではと心配されたが、熱心な保存要望運動が実り、貴重な鉄道遺産として橋桁３つ分が残されることになった。

そして残された部分が展望施設として整備され、平成25（２０１３）年５月に「空の駅」としてオープンした。美しい日本海が見下ろせるビュースポットとして人気を集めている。

地上には「道の駅あまるべ」がオープンし、食事や地元農産物の購入のほか、余部橋梁に関する資料を閲覧することができる。余部橋梁関連の遺構やモニュメントもあり、観光バスも立ち寄るようになった。

新しいホーム。海側にあったレールが山側に移設された。(平成30(2018)年撮影)

旧橋梁は橋桁3つ分が残された (平成22(2010)年撮影)

「空の駅」工事前の旧橋梁 (平成22(2010)年撮影)

完成した「空の駅」(平成27(2015)年撮影)

「道の駅あまるべ」と解体された旧余部橋梁の一部 (平成30(2018)年撮影)

最後の問題点も解決

こうして観光需要が高まった餘部駅だが、駅のある場所は山の中腹。そこへ行くには歩いて行くしかなく、お年寄りや障害者にはハードルが高かった。

そんな不便を解消するため、地元からはエレベーターを整備してほしいという要望が出ていた。これを受けて平成27（２０１５）年に調査・設計が開始され、平成29（２０１７）年11月に地上と「空の駅」とを結ぶエレベーターが完成した。「余部クリスタルタワー」と名付けられたこのエレベーターは地上から「空の駅」までわずか40秒で結び、誰でも気軽に日本海の景観を楽しめるようになった。

この「余部クリスタルタワー」、夜にはライトアップされ、しかも季節によって色が変わるというから何度でも訪れてみたいものだ。

駅へ続く坂道 (上段：平成22(2010)年、下段：平成30(2018)年撮影)

「空の駅」からの景色 (平成30(2018)年撮影)

「余部クリスタルタワー」完成 (平成30(2018)年撮影)

「余部クリスタルタワー」(平成30(2018)年撮影)

【駅舎改築のパターン】

駅舎の改築は、その規模や予算・土地の制約などによって、いくつかの方法に別れる。過去の改築事例を参考にそのパターンをみていこう。

●仮駅舎を造る場合

最も一般的な改築パターンである。既存駅舎のそばに仮駅舎を造り、本駅舎を閉鎖・解体、その跡地に新駅舎を建設する。

新駅舎が完成した後に仮駅舎を解体する。

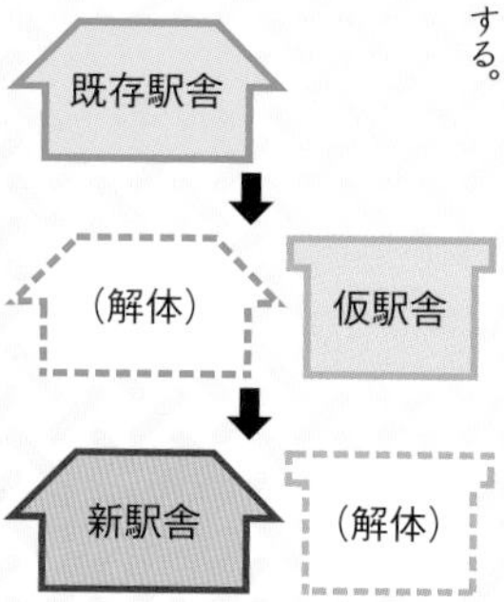

仮駅舎時の羽越本線藤島駅 (平成28(2016)年撮影)

完成した羽越本線藤島駅 (平成29(2017)年撮影)

●仮駅舎を造らない場合

新駅舎建設の充分な土地がある場合は、既存駅舎のそばにいきなり新駅舎を造るというやり方が行われる。新駅舎の建設中も既存駅舎で営業が続けられる。新駅舎が使用開始となった時に既存駅舎は閉鎖され、その後、ほとんどの場合解体される。

新旧駅舎の並ぶ山陽線本郷駅 (平成21(2009)年撮影)

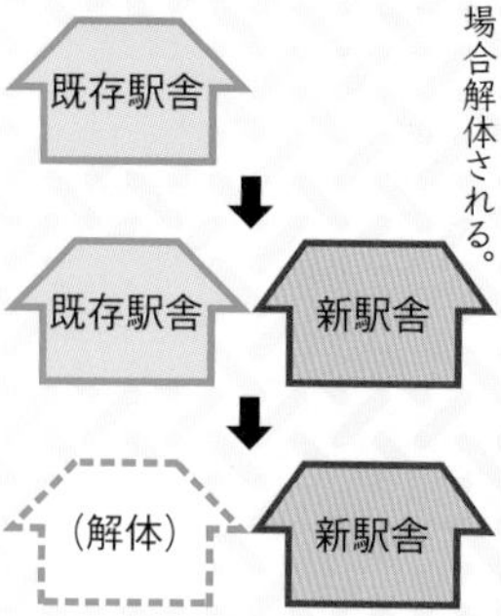

新駅舎建設の充分な土地がない場合は、既存駅舎の一部を閉鎖し、残った部分で営業を続けるというやり方が行われる。閉鎖部分は解体され、その跡地に新駅舎を建設する。やはり新駅舎完成後は既存駅舎は解体される場合がほとんどだ。

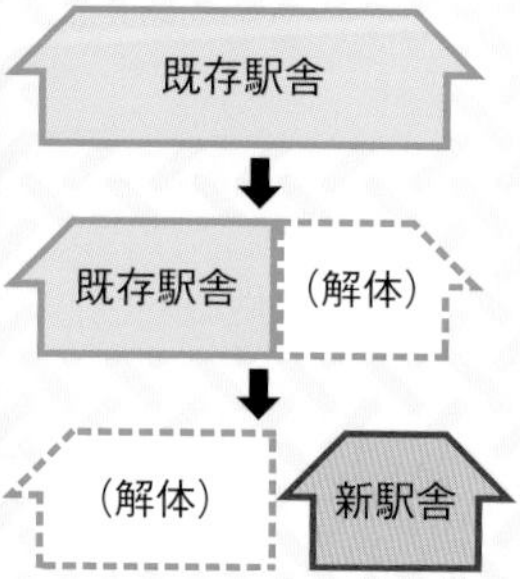

改築前の御殿場線下土狩駅。入口は駅舎の左側にあった。(平成4(1992)年撮影)

改築中の御殿場線下土狩駅。駅舎の右側に入口が移され左半分が解体された。(平成28(2016)年撮影)

●高架化の場合

高架化の場合は線路を敷き直すことになるので、その土地を確保することが必須となる。

高架化の方法にもいくつかのパターンがある。

充分な土地がある場合は、既存線路のそばに高架が建設され、高架完成後に地上線路が撤去・整地される。駅舎は線路の位置に合わせて改築されることがほとんどだ。

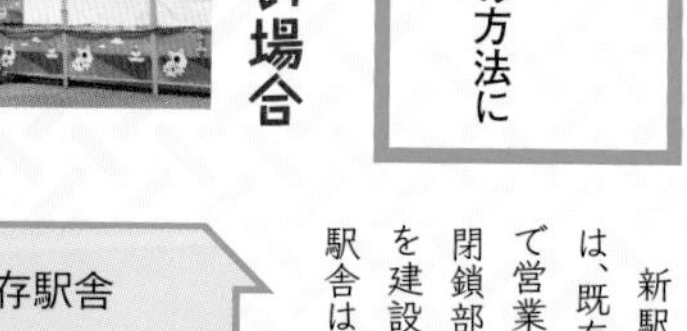
高架化されてまもないころの佐世保駅。高架線の手前に廃止された地上線が見える。(平成14(2002)年撮影)

充分な土地がない場合は、線路移設・部分高架化を繰り返して建設が行われる。そのため、仮線の使用や、下り線は高架・上り線は地平のような珍しい状態を見ることができる。

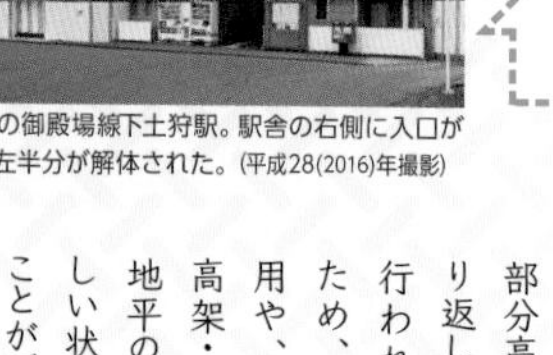
上り線のみ高架が使用開始された当時の仙石線多賀城駅 (平成22(2010)年撮影)

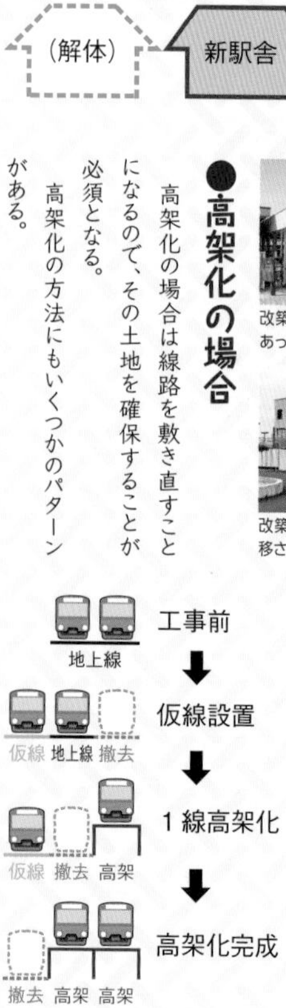

なつかしの名駅舎

地域の顔として親しまれたきた歴史ある名駅舎も近年次々と姿を消している。老朽化なら仕方がないと思えるが、最近では鉄道の業績悪化により、維持費削減のため地元の残したいという意に反して改築されてしまう例が増えている。

そんな惜しまれつつ姿を消したかつての名駅舎を見てみよう。

由仁駅
室蘭本線・北海道

●旧駅舎（平成8(1996)年撮影）
昭和3(1928)年8月改築の北海道では数少なくなった腰折屋根を持つ昔ながらの木造駅舎だった。
駅入口の駅名板と屋根の赤色が引き立つ駅舎ファンに人気の名駅舎だったが、老朽化のため平成18(2006)年8月に解体された。

●現駅舎（平成23(2011)年撮影）
平成18(2006)年12月改築の合築駅舎「由仁町ふれあい交流施設ポッポ館ゆに」。観光案内所、多目的トイレが併設されている。駅前には札幌と夕張を結ぶ急行バスなどが乗り入れ、バスの待合所としての機能も持っている。

神町駅
奥羽本線・山形県

●旧駅舎（平成19(2007)年撮影）
昭和22(1947)年9月改築。戦中から戦後にかけての米軍との関わりから、このような立派な駅舎が建てられた。そのため駅舎正面に「JIMMACHI STATION」と大きなローマ字表記があり、この駅の特徴となっていた。

●現駅舎（令和元(2019)年撮影）
平成30(2018)年2月改築。片流れの屋根、斜め格子の入った明かり取り、駅舎正面の「JIMMACHI STATION」のローマ字表記など、立派だった旧駅舎のデザインを引き継いでいる。

鹿沼駅
日光線・栃木県

●旧駅舎（平成3(1991)年撮影）
鹿沼市の代表駅で、曲線を用いたファサードが特徴的だった。両毛線の足利駅や旧佐野駅と通づるデザインで昭和初期の改築といわれていた。

●現駅舎（平成27(2015)年撮影）
平成26(2014)年3月改築。伝統行事の「ぶっつけ祭り」の彫刻屋台をイメージし、木工のまちをアピールするため壁が木目調になっている。

佐野駅
両毛線・栃木県

●旧駅舎（平成3(1991)年撮影）
昭和3(1928)年改築の駅舎で、2つのドーマ窓があり、佐野市の代表駅としての風格を持つ名駅舎だった。

●現駅舎（平成17(2005)年撮影）
平成15(2003)年4月に橋上駅舎に改築。北口は公園に直結している。

弁天橋駅
鶴見線・神奈川県

●旧駅舎 (平成21(2009)年撮影)
大正15(1926)年3月開業時のもので、一部2階建ての複雑な形状をした興味をそそられる駅舎だった。待合室は無く、大量の通勤客を短時間に捌くのに適した構造だった。

●現駅舎 (平成30(2018)年撮影)
財産標は「平成30年6月28日」だが、暫定使用開始は同年4月、全面使用開始は同年5月。窓口は無いが券売機があり、ホーム側にトイレが設けられている。

長山駅
飯田線・愛知県

●旧駅舎 (平成7(1995)年撮影)
明治32(1899)年10月に豊川鉄道の駅として開業。駅舎の建築年は不明だが、形が八角形であることや丸窓があるなど、おもしろい駅舎だった。

●現駅舎 (平成17(2005)年撮影)
平成14(2002)年2月改築。正面から見て右半分が待合スペース、左半分が倉庫になっている。

牛久保駅

飯田線・愛知県

●旧駅舎（平成21(2009)年撮影）
昭和18(1943)年8月改築の天井の高い立派な駅舎で妻面にも出入口があった。新駅舎の使用開始と引き換えに閉鎖され解体された。

●現駅舎（令和5(2023)年撮影）
令和5(2023)年3月使用開始。待合スペースと倉庫から成る。窓口は無いが券売機がある。

山田上口駅

参宮線・三重県

●旧駅舎（平成21(2009)年撮影）
昭和5(1930)年5月改築の天井の高い立派な駅舎だった。無人化され窓口等シャッターが下ろされていたが、往年のにぎわいを想像させる造りだった。

●現駅舎（平成13(2001)年撮影）
平成31(2019)年3月改築。窓口も倉庫部分もなくベンチは3脚しかない。

紀伊田辺駅

紀勢本線・和歌山県

●旧駅舎（平成29(2017)年撮影）

昭和7(1932)年11月開業時の天井が高くどっしりした駅舎だった。耐震化のため建て替えられることになり、解体前に思い出として平成27(2015)年に地元の人たちなどにより壁面にペイントが施された。

●現駅舎（令和3(2021)年撮影）

令和元(2019)年7月完成。待合室には紀州材を使ったベンチが置いてあり、和の雰囲気もある。

加茂駅

関西本線・京都府

●旧駅舎（平成4(1992)年撮影）

明治30(1897)年11月に名古屋方面から延伸してきた関西鉄道の終着駅として開業。その開業当時に建てられた駅舎で、一部2階建ての立派なものだった。

●現駅舎（平成30(2018)年撮影）

平成11(1999)年12月に橋上駅舎に改築された。かつての駅裏にもマンションが建ち、公園が整備されるなど発展が著しい。

嵯峨嵐山駅

山陰本線・京都府

●旧駅舎（平成17(2005)年撮影）
明治30(1897)年2月に京都鉄道の終着駅として開業。駅舎は開業時のもので、当初は「嵯峨」という駅名だったが、嵐山観光の玄関口であることをアピールするため平成6(1994)年9月に現駅名に改称された。

●現駅舎（平成23(2011)年撮影）
平成20(2008)年6月に橋上駅舎が使用開始。周囲の自然や景観になじむ和風のデザインになった。

灘駅

東海道本線・兵庫県

ホームから見た旧駅舎。
(平成19(2007)年撮影)

●旧駅舎（平成14(2002)年撮影）
大正12(1923)年の建築で、昭和20(1945)年の空襲や、平成7(1995)年の阪神大震災にも耐えた。アーチ型の大きな明かり取りがポイントの名駅舎だった。平成19(2007)年7月に仮駅舎に移転し役目を終えた。

●現駅舎（平成24(2012)年撮影）
平成21(2009)年9月に橋上駅舎が使用開始された。正面は旧駅舎のデザインが取り入れられている。

宮津駅
京都丹後鉄道・京都府

●旧駅舎（昭和63(1988)年撮影）
大正13(1924)年4月に国鉄の駅として開業。駅舎は昭和15(1940)年3月に改築されたもので、宮津市（当時は与謝郡宮津町）の代表駅にふさわしい立派な駅舎だった。北近畿タンゴ鉄道への移管を機に新駅舎に改築されることになり、この駅舎は役目を終えた。

●現駅舎（令和2(2020)年撮影）
JRから北近畿タンゴ鉄道へ移管された平成2(1990)年4月に改築された。駅舎の2階に同鉄道の本社が置かれている。

豊岡駅
山陰本線・兵庫県

●旧駅舎（昭和63(1988)年撮影）
明治42(1909)年7月に国鉄の駅として開業。駅舎は昭和10(1935)年10月に改築されたもので、大きく風格のあるものだった。駅前再開発事業により橋上駅舎化されることになり、平成22(2010)年から改築工事が始まった。

旧駅舎を模したバス待合所（令和2(2020)年撮影）

●現駅舎（平成27(2015)年撮影）
平成23(2011)年2月に使用開始された橋上駅舎で、デザインは「こうのとり」と「柳行李」をイメージしている。旧駅舎跡に整備されたバスターミナルには旧駅舎を模した待合所が造られた。

岩国駅
山陽本線・山口県

●旧駅舎（平成11(1999)年撮影）
昭和24(1949)年の建築の岩国市の代表駅の名に恥じないりっぱな駅舎だった。駅舎内に喫茶店、駅弁販売店などがあった。
平成27(2015)年11月に右隣に設けられた仮駅舎に移転して間もなく、この駅舎は解体された。

●現駅舎（令和2(2020)年撮影）
平成29(2017)年11月に使用開始された橋上駅舎。土産物店やカフェなどが併設されている。駅前広場は令和2(2020)年6月に整備が完了した。

三津駅
伊予鉄道・愛媛県

●旧駅舎（平成20(2008)年撮影）
昭和6(1931)年ごろに建築された、正面の直線と曲線が調和したデザインがたいへん美しい駅舎だった。老朽化による改築のため平成20(2008)年8月に解体され、ホームも対向式から島式ホームに造り変えられた。

●現駅舎（平成21(2009)年撮影）
平成21(2009)年2月使用開始。先代駅舎のデザインを踏襲しているが、駅舎内に駅機能はない。

直方駅

筑豊本線・福岡県

●旧駅舎（平成18(2006)年撮影）
明治43(1910)年3月建築。明治・大正期の九州の主要駅の形態を残していた貴重な駅舎だった。新駅舎の開業と引き換えに解体された。

●現駅舎（令和4(2022)年撮影）
平成23(2011)年4月使用開始。令和2(2020)年6月には駅前に旧駅舎の車寄せが復元された。

上熊本駅

鹿児島本線・熊本県

駅前南側にある市電の上熊本駅前電停に旧上熊本駅舎の一部が移築されている。
(平成27(2015)年撮影)

●旧駅舎（平成17(2005)年撮影）
大正2年(1913)建築の風格のある駅舎だった。駅前にこの地にゆかりのある夏目漱石の像が建っていた。

●現駅舎（平成27(2015)年撮影）
平成27(2015)年3月に高架化。「森の都」を表現しており、ヒノキ材がふんだんに使われている。

駅ビル化

駅にデパートや宿泊施設など、駅以外の機能を併せ持った「駅ビル」。

初めて駅ビルが誕生したのは大正9（1920）年の阪急電鉄梅田駅で、百貨店・食堂が営業していた。

駅ビルの家賃収入は鉄道会社の収益にも関わることから、近年の都市部では駅ビル化が進んでいる。

また、地方の小駅でも駅舎が無くなるよりはと、地元企業が駅ビル化する例も現れた。今後の動向が注目される。

浦和駅
東北本線・埼玉県

●現駅舎（平成30(2018)年撮影）
平成30(2018)年3月オープンの西口駅ビル「アトレ浦和 West Area」。改札は高架下にある。

●旧駅舎（平成13(2001)年撮影）
昭和42(1967)年10月築。湘南新宿ラインのホーム増設工事により平成24(2012)年ごろより徐々に解体された。

原宿駅
山手線・東京都

●現駅舎（令和5(2023)年撮影）
橋上駅舎となり令和2(2020)年3月にオープンした。狭く危険だった旧駅舎の問題が解決し快適になった。

●旧駅舎（平成10(1998)年撮影）
大正13(1924)年6月建築の洋風駅舎。耐震・耐火不足のため令和2(2020)年8月に解体された。

新大久保駅
山手線・東京都

●現駅舎
（令和5(2023)年撮影）
4階建てビルに改築され、令和2(2020)年2月に使用開始、同年5月に完成した。ビル内には主に飲食店が入居。

●旧駅舎（平成18(2006)年撮影）
昭和11(1936)年築。老朽化およびバリアフリー化のため平成28(2016)年10月から改築工事が始まった。

大塚駅
山手線・東京都

●現駅舎（平成25(2013)年撮影）
平成25(2013)年9月オープンの南口駅ビル「アトレヴィ大塚」。地下1階・地上12階で飲食店などが入店。

●旧駅舎（平成元(1989)年撮影）
旧南口。昭和23(1948)年改築。平成21(2009)年1月に南北自由通路が開通して閉鎖され、その後解体された。

板橋駅
赤羽線・東京都

●現駅舎（令和5(2023)年撮影）
平成31(2019)年2月に改札が1つに統合され、5階建ての東口駅ビルが令和2(2020)年7に完成した。

●旧駅舎（平成10(1998)年撮影）
昭和28(1953)年4月改築。この写真は東口だが、西口にも駅舎があり改札も東西で別々に存在した。

国分寺駅
中央本線・東京都

●現駅舎（平成30(2018)年撮影）
平成30(2018)年4完成の北口駅ビル「ミーツ国分寺」。1～4階が商業施設、5階が国分寺市の施設になっている。

●旧駅舎（昭和63(1988)年撮影）
旧北口駅舎。昭和2(1927)年11月改築。市役所がこちらがわにあるため、当時はこの北口が表口だった。

熱海駅
東海道本線・静岡県

●現駅舎（平成29(2017)年撮影）
平成28(2016)年11月完成の駅ビル「ラスカ熱海」。3階建てで「成城石井」ほか飲食店など36店舗が出店。

●旧駅舎（平成27(2015)年1月撮影）
大正14(1925)年3月開業時の駅舎。老朽化のため平成23(2011)年から工事開始、平成27(2015)年12月に解体。

大曽根駅
中央本線・愛知県

●現駅舎（平成20(2008)年撮影）
平成18(2006)年に工事が始まり、平成19(2007)年8月に完成した。1階が改札、2階より上は住宅になっている。

●旧駅舎（昭和60(1985)年撮影）
南口。昭和25(1950)年3月改築。現在は北口のほうが発展しているが、撮影時はこの南口しかなかった。

太市駅
姫新線・兵庫県

●現駅舎（令和4(2022)年撮影）
旧駅舎の跡地に造られた「カンリクグループ本社ビル」で令和3(2021)年10月竣工。カフェ＆レストランが入店。

●旧駅舎（平成5(1993)年撮影）
昭和6(1931)年12月開業時の駅舎。令和3(2021)年3月に新しい簡易駅舎ができたあと、この駅舎は解体された。

門司駅
鹿児島本線・福岡県

●現駅舎（平成18(2006)年撮影）
3階建の駅ビルとなった。改札は3階。半分ずつ建築され、平成16(2004)年3月に右半分が供用開始、平成17(2005)年9月に左半分が増築され全体が完成した。

●旧駅舎（平成5(1993)年撮影）
昭和27(1952)年5月改築。片流れ屋根で、内部は天井の高い広々としたコンコースになっていた。改築工事は平成14(2002)年10月ごろからが始まった。

福工大前駅
鹿児島本線・福岡県

●現駅舎（平成20(2008)年撮影）
平成15(2003)年3月に移転し駅ビルに。所在地が完全に福岡市となり平成20(2008)年3月に現駅名に改称した。

●旧駅舎（平成12(2000)年撮影）
当時の駅名は「筑前新宮」。町界にあり、約2割が新宮町に、残り8割は福岡市東区に属していた。

水前寺駅
豊肥本線・熊本県

●現駅舎（平成16(2004)年撮影）
平成15(2003)年3月改築の商業施設・マンションが同居した駅舎。この形態はJR九州では南福岡に続く2例目。

●旧駅舎（平成2(1990)年撮影）
昭和29(1954)年3月築。熊本大空襲により先代駅舎が焼失したため再建された駅舎だった。

高架化

高架駅は、主に道路との交差を解消し交通渋滞を緩和するという目的で建設される。また、線路で分断された市街地を一体化し、町の発展を促すという効果もある。

人口の集中する大都市に多いが、モータリゼーションが進んだ現代では、全国的に高架駅は増えている。

それまでのローカルなたたずまいが、高架化により一気に都会的に変貌する。

そんな変化も楽しみのひとつである。

新川駅
札沼線・北海道

●現駅舎（平成13(2001)年撮影）
平成12(2000)年3月に高架化され、対向式ホームになった。札幌の市街地にあり周辺は住宅が密集している。

●旧駅舎（平成8(1996)年撮影）
昭和61(1986)年11月開業。当初は片面ホームのみだったが、平成3(1991)年12月に有人化され駅舎が造られた。

南千住駅
常磐線・東京都

●現駅舎（平成25(2013)年撮影）
高架線が造り替えられ平成16(2004)年11月に駅舎とともに使用開始された。周辺の整備も進められている。

●旧駅舎（平成13(2001)年撮影）
昭和32(1957)年10月改築。ホームは高架だが駅舎は地平だった。改札からホームまでは長い通路があった。

武蔵小金井駅
中央本線・東京都

●現駅舎（平成29(2017)年撮影）
下り線は平成19(2007)年7月、上り線は平成21(2009)年12月に高架化。後に高架下に商業施設がオープンした。

●旧駅舎（昭和62(1987)年撮影）
大正5(1916)年1月開業時の駅舎だった。高架化工事が進んだ平成21(2009)年1月に使用停止され、解体された。

南多摩駅
南武線・東京都

●現駅舎（平成29(2017)年撮影）
平成23(2011)年12月に下り線が、平成25(2013)年12月に上り線が高架化。デザインは多摩川の水をイメージ。

●旧駅舎（平成元(1989)年撮影）
現在の南口側にこの昭和45(1970)年4月改築の駅舎があった。ホームは対向式だった。

福井口駅
えちぜん鉄道・福井県

●現駅舎（令和2(2020)年撮影）
旧駅舎と旧線が撤去された跡地に高架が造られ、平成30(2018)年6月に高架化、駅も新しくなった。

●旧駅舎（平成27(2015)年撮影）
開業は大正3(1914)年2月。高架化のため平成27(2015)年9月に仮駅舎・仮線に移転し、その後解体された。

花園駅
山陰本線・京都府

●現駅舎（令和2(2020)年撮影）
平成8(1996)年3月高架化。出入口は北側にしかない。隣の二条駅も同時に高架化している。

●旧駅舎（昭和62(1987)年撮影）
駅の開業は明治31(1898)年1月。駅舎の建築年は不明。JRでは東映太秦映画村への最寄り駅。

福知山駅
山陰本線・京都府

●現駅舎（平成23(2011)年撮影）
平成17(2005)年11月高架化。外観は福知山おどりの笠と福知山城をイメージしている。

●旧駅舎（平成13(2001)年撮影）
昭和29(1954)年3月改築。国鉄時代に鉄道管理局が置かれていたため、たいへん大きな駅舎だった。

東岸和田駅
阪和線・大阪府

●現駅舎（令和5(2023)年撮影）
平成29(2017)年10月に高架化完成。その後、旧駅舎の撤去が行われた。デザインは「だんじり」をイメージ。

●旧駅舎（昭和61(1986)年撮影）
昭和6(1931)年6月に阪和電気鉄道として開業した当時の駅舎。高架線が完成するまでこの駅舎は使用された。

大元駅
宇野線・岡山県

●現駅舎（平成28(2016)年撮影）
平成13(2001)年12月高架化。高架化により駅の位置が約100メートル宇野方に移動した。

●旧駅舎（昭和60(1985)年撮影）
大正13(1924)年3月改築。かつては岡山臨港鉄道の始発駅だった。高架化工事は平成9(1997)年11月に着工した。

行橋駅
日豊本線・福岡県

●現駅舎（平成12(2000)年撮影）
平成11(1999)年8月高架化。デザインコンセプトは「やさしいモンスター」でグッドデザインを受賞している。

●旧駅舎（昭和63(1988)年撮影）
明治36(1903)年建築の行橋市の代表駅にふさわしい大きな木造駅舎。JR化時に壁や屋根に装飾が施された。

佐世保駅
佐世保線・長崎県

●現駅舎（平成18(2006)年撮影）
平成13(2001)年12月高架化。駅前広場は旧駅舎や旧線路跡を利用して整備された。

●旧駅舎（昭和62(1987)年撮影）
昭和12(1937)年8月改築。この背後に高架が建設され、新駅舎の開業後にこの駅舎は解体された。

日向市駅
日豊本線・宮崎県

●現駅舎（平成27(2015)年撮影）
平成18(2006)年12月高架化。地元産の杉材を多用し、林野庁長官賞をはじめ数々の賞を受賞している。

●旧駅舎（平成15(2003)年撮影）
昭和27(1952)年7月改築。駅前広場には南国ムードが漂っていた。以前は細島線が分岐していた。

橋上化

橋上駅とは、線路の上空に窓口や改札などを設けた駅のこと。駅の表口・裏口という区別をなくせるメリットがある。

線路の上空ではなく、建物の2階に改札を設ける「半橋上駅」が建設コストが安いことから、地方の駅ではそのスタイルも多い。

橋上駅といえば今までは近代的で豪華なイメージがあったが、跨線橋の上に小さな小屋を設けるだけのものや、跨線橋は既存のものを流用するといったローコストな橋上駅も増えてきている。

美唄駅
函館本線・北海道

●現駅舎（平成16(2004)年撮影）
平成14(2002)年2月改築。こちらは旧駅舎のあった西口で駅前広場も整備された。ヤードや転車台があった東口は公園になった。

●旧駅舎（平成2(1990)年撮影）
北海道らしいスタイルの駅舎。かつては石炭積出し駅として栄え、この駅から南美唄への支線、常盤台への美唄鉄道が分岐していた。

幌向駅
函館本線・北海道

●現駅舎（平成11(1999)年撮影）
平成10(1998)年3月改築の橋上駅舎で、2階から全天候型の立派な歩道橋に直結している。

●旧駅舎（平成2(1990)年撮影）
昭和37(1962)年7月改築。現在の南口にあたり駅前は住宅地。ただし北側も早くから宅地化が進んでいた。

和田駅
奥羽本線・秋田県

●現駅舎（平成15(2003)年撮影）
平成15(2003)年2月に改築された合築駅舎「ふれあい交流館かわべ」。1階に図書室、2階に改札がある。

●旧駅舎（平成13(2001)年撮影）
明治36(1903)年7月建築の開業当時からの駅舎だった。改築のため平成13(2001)12月に解体された。

好摩駅
花輪線・岩手県

●現駅舎（平成23(2011)年撮影）
平成23(2011)年5月改築の半橋上駅舎。東北本線が3セク化されたためJRとしては花輪線の所属となった。

●旧駅舎（平成12(2000)年撮影）
明治24(1891)年9月開業時の駅舎。橋上駅舎に改築のため平成21(2009)年5月に仮駅舎に移転した。

西目駅
羽越本線・秋田県

●現駅舎（平成19(2007)年撮影）
平成18(2006)年2月改築。既存の跨線橋に接するかたちで造られ、駅の待合室も自由通路の一部になっている。

●旧駅舎（平成13(2001)年撮影）
大正10年12月開業時の駅舎。新駅舎はこの西側に建てられた。駅舎跡は整備されバス停になった。

磯原駅
常磐線・茨城県

●現駅舎（平成15(2003)年撮影）
平成9(1997)年8月改築。コミュニティーホールが併設されている。作詞家・野口雨情の生誕地でホームには「七つの子」のメロディーが流れる。

●旧駅舎（平成8(1996)年撮影）
昭和13(1938)年6月改築。現在の東口にあたる。北茨城市の代表駅で、駅舎も比較的大きく駅前も広かった。

片岡駅
東北本線・栃木県

●現駅舎（平成27(2015)年撮影）
平成27(2015)年3月改築。こちらは旧駅舎のあった東口で駅前はロータリーになった。新設された西口にもロータリーが造られた。

●旧駅舎（平成15(2003)年撮影）
明治30(1897)年6月開業時の駅舎。市街地整備事業による橋上駅舎に改築のため平成26(2014)年9月に役目を終え、仮駅舎に移転した。

新津駅
信越本線・新潟県

●現駅舎（平成28(2016)年撮影）
既存の東西自由通路上に改札を設けた橋上駅舎で、平成15(2003)年12月に完成した。

●旧駅舎（平成6(1994)年撮影）
昭和3(1928)年7月改築。新津市の代表駅で機関区もあった。現在は新潟市に編入され、機関区は西口広場に。

袖ケ浦駅
内房線・千葉県

●現駅舎（平成28(2016)年撮影）
平成26(2014)年10月に暫定使用開始。翌年に全体が完成した。丸い形は袖ケ浦市の市章をイメージしている。

●旧駅舎（平成3(1991)年撮影）
大正元(1912)年8月開業時の駅舎。現在の南口にあたる。平成3(1991)年4月に市政施行した袖ケ浦市の代表駅。

佐倉駅
成田線・千葉県

●現駅舎（令和元(2019)年撮影）
昭和60(1985)年12月改築。立派なロータリーが整備された。南口も開発され現在では飲食店やホテルもある。

●旧駅舎（昭和58(1983)年撮影）
昭和13(1938)年5月改築。現在の北口にあたる。当時は機関区があり、駅裏には田園風景がひろがっていた。

榎戸駅
総武本線・千葉県

●現駅舎（令和元(2019)年撮影）
利用客増に対応し平成31(2019)年1月に橋上駅舎となった。こちらは旧駅舎のあった西口。旧駅舎はこの佐倉方にあった。駅前はUターン式のロータリーに。

●旧駅舎（平成12(2000)年撮影）
昭和33(1958)年の開業時は無人の粗末な駅舎だったが、利用客が増え平成8(1996)年3月に写真のような有人駅舎が造られた。それでも利用客増に対応できなかった。

八街駅
総武本線・千葉県

●現駅舎（令和元(2019)年撮影）
平成16(2004)年4月改築。デザインは八街の「八」および特産品である落花生の曲線をモチーフにしている。

●旧駅舎（平成12(2000)年撮影）
昭和元(1926)年4月建築、平成8(1996)年3月に大幅なリニューアルが行われた。現在の南口にあたる。

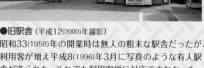

東福生駅
八高線・東京都

●現駅舎 (平成17(2005)年撮影)
平成8(1996)年の電化時に歩道橋上に改札を設置、後に屋根も付けられた。旧駅舎は平成28(2016)年7月に解体。

●旧駅舎 (平成元(1989)年撮影)
昭和41(1966)年9月改築。撮影時はすでに無人化されており、駅舎は閉鎖され倉庫として使用されていた。

鴨居駅
横浜線・神奈川県

●現駅舎 (平成13(2001)年撮影)
平成10(1998)年11月橋上化。開業以来、周辺は開発が目覚ましく、橋上化は利用客増に対応するため。

●旧駅舎 (平成9(1997)年撮影)
昭和37(1962)年12月開業と意外に新しい駅。駅舎とホームは地下道と跨線橋の2ルートで結ばれていた。

神領駅
中央本線・愛知県

●現駅舎 (平成20(2008)年撮影)
旧駅舎は平成18(2006)年10月に仮駅舎となった。現在の橋上駅舎は平成20(2008)年3月に使用開始となった。

●旧駅舎 (昭和62(1987)年撮影)
昭和26(1951)年12月開業時の駅舎。民営化時には大幅にリニューアルされ、入口にファサードが付けられた。

貴生川駅
草津線・滋賀県

●現駅舎 (平成28(2016)年撮影)
昭和61(1986)年11月改築。エレベーターは後に増設。信楽高原鐵道の改札はホーム上に設けられている。

●旧駅舎 (昭和58(1983)年撮影)
大正11(1922)年4月築の駅舎で現在の南口にあたる。分岐する国鉄信楽線は後に信楽高原鐵道に転換した。

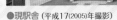

祝園駅

片町線・京都府

●現駅舎（平成19(2007)年撮影）
平成6(1994)年9月改築。近鉄新祝園駅とも通路でつながった。駅前のペデストリアンデッキは2年後に完成。

●旧駅舎（昭和59(1984)年撮影）
建築年不明。近鉄新祝園駅が隣接していたが、駅裏だったため乗り換えは迂回しなければならず不便だった。

郡山駅

関西本線・奈良県

●現駅舎（平成11(1999)年撮影）
平成9(1997)年2月改築。駅前ロータリーは国鉄時代から存在していた。東口にもロータリーが整備された。

●旧駅舎（昭和59(1984)年撮影）
明治23(1890)年12月開業時の駅舎で現在の西口にあたる。当時の駅裏は空き地だった。

八尾駅

関西本線・大阪府

●現駅舎（平成27(2015)年撮影）
平成25(2013)年7月使用開始。この北口には駅前広場は無いが、南口は整備が行われロータリーが造られた。

●旧駅舎（平成18(2006)年撮影）
現在の北口で大正2(1913)年改築。南口にも駅舎があった。北口・南口とも平成23(2011)年12月に仮駅舎に。

志都美駅

和歌山線・奈良県

●現駅舎（平成23(2011)年撮影）
平成22(2010)年12月改築。橋上化と同時に駅前ロータリーも整備された。

●旧駅舎（平成元(1989)年撮影）
昭和30(1955)年12月開業時の駅舎で現在の東口にあたる。改築のため平成22(2010)年1月に仮駅舎になった。

鳳駅
阪和線・大阪府

●現駅舎（令和5(2023)年撮影）
昭和60(1985)年12月改築。写真は東口で旧駅舎はこちら側にあった。橋上化で駅舎内に飲食店も設けられた。

●旧駅舎（昭和58(1983)年撮影）
昭和4(1929)年7月に阪和電気鉄道として開業した当時の駅舎だった。すでに時代に取り残されたようだった。

綾部駅
山陰本線・京都府

●現駅舎（平成13(2001)年撮影）
舞鶴線の電化を機に平成11(1999)年9月に橋上駅舎となった。「繭の里」として栄えたことから繭をイメージした丸みを帯びたデザインになっている。

●旧駅舎（平成10(1998)年撮影）
昭和37(1962)年10月の改築。国鉄時代は2階が飲食店になっていた。建て替えのため平成11(1999)年1月に解体された。

大久保駅
山陽本線・兵庫県

●現駅舎（平成11(1999)年撮影）
平成8(1996)年8月改築。駅裏だった南口も平成27(2015)年に閉鎖したJTの跡地を再開発して現在ではショッピングセンターやマンション等が建ち並んでいる。

●旧駅舎（昭和60(1985)年撮影）
昭和13(1938)年3月改築の駅舎で現在の北口にあたる。駅前は住宅が密集していたが、南側はJTの工場が広大な敷地を占有していた。

瀬野駅
山陽本線・広島県

●現駅舎（平成11(1999)年撮影）
駅の北側の住宅分譲地とを結ぶスカイレールの連絡駅として平成9(1997)年3月に改築された。なにもなかった北側の山の上も現在は大規模な住宅地になっている。

●旧駅舎（平成元(1989)年撮影）
昭和15(1940)年3月改築。現在の南口にあたり、駅前に国道が通っている。北側には山が迫り住宅はわずかしか無かった。

安芸阿賀駅

呉線・広島県

●現駅舎（平成19(2007)年撮影）

平成18(2006)年7月改築。こちらは北口で旧駅舎の東隣に造られた。南口にもロータリーが設けられた。

●旧駅舎（平成5(1993)年撮影）

昭和10(1935)年11月開業時の駅舎。現在の北口にあたる。南口は昭和40(1965)年ごろより住宅が増え始めた。

城野駅

日豊本線・福岡県

●現駅舎（平成27(2015)年撮影）

平成26(2014)年12月改築。写真は西口で、旧駅舎はこちら側にあった。1階には一般店舗が入店している。

●旧駅舎

（昭和63(1988)年撮影）

明治36(1903)年9月建築で民営化時にリニューアル。平成24(2012)年9月にコンビニを転用した仮駅舎に移転した。

国鉄当時（昭和57(1982)年撮影）

古賀駅

鹿児島本線・福岡県

●現駅舎（平成26(2014)年撮影）

平成元(1989)年12月改築。粕屋郡古賀町が平成9(1997)年10月に市制施行し古賀市の代表駅となった。

●旧駅舎（昭和63(1988)年撮影）

昭和3(1928)年5月改築。現在の西口にあたる。駅裏はほとんどが工場の敷地だった。

基山駅

鹿児島本線・佐賀県

●現駅舎（平成31(2019)年撮影）

昭和63(1988)年2月に半橋上駅舎に改築され、甘木鉄道とは改札が分けられた。1階は店舗になっている。

●旧駅舎（昭和58(1983)年撮影）

大正10(1921)年8月開業時の駅舎。現在の甘木鉄道である国鉄甘木線が分岐していた。

合築化

「駅」は本来、きっぷを買い、列車に乗ることが目的であるが、駅に商業施設を出店しそこから収益を得る駅が現れた。このような形態の駅は当初は「民衆駅」と呼ばれ、大都市の駅ビルに多かった。

そのうちに地方の小駅にもこの形態が取り入れられるようになり「合築駅」と呼ばれるようになった。

鉄道の収益が減った現在では民間に駅舎を譲渡し管理をまかせる「合築駅」として駅舎を維持しているものも多い。

音威子府駅

宗谷本線・北海道

●現駅舎（平成13(2001)年撮影）
平成2(1990)年5月改築。天北線の資料室がある。駅そばが名物だったが令和4(2022)年8月に営業終了した。

●旧駅舎（平成元(1989)年撮影）
駅舎の建築年は不明だが腰折屋根が北海道らしさをよく現している駅舎だった。天北線の乗り換え駅だった。

美深駅

宗谷本線・北海道

●現駅舎（平成13(2001)年撮影）
昭和62(1987)年11月に「美深町交通ターミナル」に改築された。2階が美幸線の資料館になっている。

●旧駅舎（昭和60(1985)年撮影）
建築年不明。「日本一の赤字線」として知られた美幸線の乗換え駅だったが、昭和60(1985)年9月に廃止された。

生田原駅

石北本線・北海道

●現駅舎（平成23(2011)年撮影）
平成5(1993)年3月に図書館との合築駅舎に改築された。すぐそばに生田原温泉の湯を引いているホテルがある。

●旧駅舎（平成2(1990)年撮影）
大正3(1914)年10月開業時の駅舎。平成17(2005)年10月に遠軽町と合併するまでの所在地は生田原町だった。

大楽毛駅

根室本線・北海道

●現駅舎（平成23(2011)年撮影）
平成元(1989)年10月改築。中央が駅施設、右側が釧路市の支所、左側は飲食店になっている。

●旧駅舎（昭和63(1988)年撮影）
建築年不明。典型的な北海道型の駅舎だった。軍馬・農耕馬として全国で活躍した「日本釧路種」の発祥の地。

浪岡駅

奥羽本線・青森県

●現駅舎（平成23(2011)年撮影）

駅舎部分は平成21(2009)年11月、併設の浪岡地域交流施設「あぴねす」は平成22(2010)年4月にオープン。各種特産品の展示や軽食コーナーがある。

●旧駅舎（昭和60(1985)年撮影）

昭和11(1936)年3月改築の駅舎。現在は青森市と合併しているが当時の所在地は「南津軽郡浪岡町」。改築のため平成21(2009)年4月に仮駅舎に移転した。

十二湖駅

五能線・秋田県

●現駅舎（平成19(2007)年撮影）

平成17(2005)年3月改築。観光案内所があり物産の販売もしている。十二湖観光へはバスが連絡。

●旧駅舎（平成15(2003)年撮影）

昭和34(1959)年9月に十二湖観光のための仮停車場として開業。民営化時に臨時駅に。簡易な駅舎だった。

大更駅

花輪線・岩手県

●現駅舎（令和3(2021)年撮影）

平成30(2018)年2月改築。東西自由通路と一体になっているため橋上駅舎に見えるが、駅施設は1階にある。

●旧駅舎（平成19(2007)年撮影）

大正11(1922)年8月開業時の駅舎。周辺整備による駅舎改築のため平成29(2017)年2月に仮駅舎に移転した。

遊佐駅

羽越本線・山形県

●現駅舎（平成20(2008)年撮影）

平成20(2008)年4月に完成した「ゆざっとプラザ」。駅施設のほか、観光協会、商工会などが入所している。

●旧駅舎（平成6(1994)年撮影）

遊佐町の中心に位置する。合築駅舎に改築のため平成19(2007)年7月末に仮駅舎に移転し役目を終えた。

槻木駅

東北本線・宮城県

●現駅舎（平成14(2002)年撮影）

平成10(1998)年6月改築の合築駅舎「槻木駅コミュニティプラザ」。地上のほか橋上にも改札がある。

●旧駅舎（昭和60(1985)年撮影）

昭和16(1941)年3月改築。国鉄・丸森線（現・阿武隈急行線）の分岐駅。平成9(1997)年5月に仮駅舎に移転した。

船引駅

磐越東線・福島県

●現駅舎（平成20(2008)年撮影）

平成16(2004)年9月改築。1階に改札・物産販売所、2階に多目的ホールがあり、3階は自由通路と連絡している。

●旧駅舎（平成9(1997)年撮影）

昭和15(1940)年4月改築。当時の所在地は船引町。平成17(2005)年3月に合併により田村市の玄関駅になった。

七日町駅

只見線・福島県

●現駅舎（平成14(2002)年撮影）

「駅Cafe」として平成14(2002)年7月オープン。カフェのほか観光案内や物産の展示がされている。

●旧駅舎（昭和61(1986)年撮影）

昭和23(1948)年12月改築。「ナヌカマチ」と大書きした駅名表示が特徴だった。

会津川口駅

只見線・福島県

●現駅舎（平成14(2002)年撮影）

昭和62(1987)年3月改築。JA、郵便局を併設し、土産物や菓子なども売っている。

●旧駅舎（昭和58(1983)年撮影）

昭和31(1956)年9月開業時の駅舎。金山町役場の最寄り駅で、ホームが只見川に面して眺めの良いことで有名。

桑川駅
羽越本線・新潟県

●現駅舎（平成13(2001)年撮影）
道の駅「笹川流れ・夕日会館」との合築で平成5(1993)年11月改築。駅の待合室は建物の片隅に設けられている。

●旧駅舎（昭和59(1984)年撮影）
建築年不明。名勝「笹川流れ」の最寄り駅でありながら駅舎はごく普通だった。開業は大正13(1924)年7月。

間藤駅
わたらせ渓谷鐵道・栃木県

●現駅舎（平成19(2007)年撮影）
3セク化から5年後の平成6(1994)年に改築された「ゆとりいきいきセンター」。陶芸教室を併設している。

●旧駅舎（昭和62(1987)年撮影）
建築年不明。当時はJR足尾線だった。旅客列車はここが終点だが、貨物線が足尾本山駅まで続いていた。

神城駅
大糸線・長野県

●現駅舎（平成14(2002)年撮影）
平成9(1997)年12月に山小屋風の駅舎に改築された。1階が観光協会、2階が多目的ホールになっている。

●旧駅舎（平成8(1996)年撮影）
昭和5(1930)年10月開業時の駅舎。白馬五竜岳の登山口で周辺にスキー場も多く、特急列車も停車していた。

福岡駅
あいの風とやま鉄道・富山県

●現駅舎（平成12(2000)年撮影）
平成12(2000)年3月に観光物産館・観光案内所のある合築駅舎に改築。待合室にはソファや大型モニターが。

●旧駅舎（平成4(1992)年撮影）
当時はJR北陸本線だった。駅舎は明治31(1898)年11月開業時のものだろうか？

金丸駅
七尾線・石川県

●現駅舎（平成18(2006)年撮影）
平成17(2005)年5月改築の「ギャラリー朱鷺」を併設した合築駅舎。俳句や短歌、写真などが展示されている。

●旧駅舎（平成12(2000)年撮影）
財産標によると明治31(1898)年4月開業時の駅舎。跨線橋の上り口が駅舎内にあるという変わった造りだった。

美山駅
越美北線・福井県

●現駅舎（平成19(2007)年撮影）
平成15(2003)年12月改築の「美山観光ターミナル」。地元の特産品などが展示されている。

●旧駅舎（平成4(1992)年撮影）
昭和35(1960)年12月の開業時に建てられたブロック積み駅舎。福井市と合併する前は「足羽郡美山町」だった。

周参見駅
紀勢本線・和歌山県

●現駅舎（平成14(2002)年撮影）
平成12(2000)年3月改築の町民コミュニティープラザとの合築駅舎。観光案内所やカフェコーナーを併設。

●旧駅舎（平成元(1989)年撮影）
昭和11(1936)年10月開業時の駅舎。すさみ町の中心部に位置する。

伯耆溝口駅
伯備線・鳥取県

●現駅舎（平成28(2016)年撮影）
平成7(1995)年4月改築のコミュニティー施設「遊学館」。「鬼伝説のまち」を唱い駅舎の壁には鬼の像を配置。

●旧駅舎（昭和60(1985)年撮影）
大正8(1919)8月開業時の駅舎。電化前は大山への入口の駅としてにぎわい急行列車も停車していた。

備後三川駅
福塩線・広島県

●現駅舎 (平成13(2001)年撮影)
平成2(1990)年3月改築。窓口や特産品展示コーナーもあるが、主に地元の人の集会所として利用されている。

●旧駅舎 (昭和63(1988)年撮影)
昭和13(1938)年7月開業時のものか？　平成元(1989)年4月にルート切替えでホーム幅が途中から広くなった。

荘原駅
山陰本線・島根県

●現駅舎 (令和3(2021)年撮影)
令和2(2020)年3月に地元自治体により改築。神庭荒神谷遺跡から出土した銅剣と銅鐸をあしらっている。

●旧駅舎 (平成28(2016)年撮影)
昭和9(1997)年6月改築。シルバー人材センターとして利用されていた。令和元(2019)年8月に仮駅舎となった。

由岐駅
牟岐線・徳島県

●現駅舎 (令和元(2019)年撮影)
平成8(1996)年7月改築の由岐町ふれあいホール「ぽっぽマリン」との合築駅舎で観光案内所や水族館がある。

●旧駅舎 (平成3(1991)年撮影)
昭和14(1937)年12月開業時のものをリニューアルした駅舎。由岐の漁港が駅から近い。

土佐大正駅
予土線・高知県

●現駅舎 (平成19(2007)年撮影)
平成元(1989)年に改築。半分はバス会社の営業所になっており、地元の特産品なども展示・販売している。

●旧駅舎 (昭和60(1985)年撮影)
昭和49(1974)年3月開業時の駅舎。鉄道開通前は国鉄バスが走っており「土佐田野々駅」があった。

犀川駅

平成筑豊鉄道・福岡県

●現駅舎（平成23(2011)年撮影）

平成5(1993)年1月に改築された合築駅舎「ユータウン犀川」。外観は駅名にちなみ動物のサイを模している。

●旧駅舎（昭和63(1988)年撮影）

昭和13(1938)年改築の木造駅舎。当時はJR田川線の駅で所在地は犀川町だった。

牛津駅

長崎本線・佐賀県

●現駅舎（平成22(2010)年撮影）

平成13(2001)年4月改築でギャラリー「津の里ふれあい館」を併設。近くの「牛津赤れんが館」を模している。

●旧駅舎（昭和62(1987)年撮影）

明治28(1985)年5月開業時の駅舎。平成17(2005)年3月に小城市となる前は小城郡牛津町だった。

阿蘇下田城駅

南阿蘇鉄道・熊本県

●現駅舎（平成23(2011)年撮影）

平成5(1993)年8月に温泉施設を併設し「阿蘇下田城ふれあい温泉」に改称したが、熊本地震により温泉施設は閉鎖、令和5(2023)年7月に現在の駅名に再改称した。

●旧駅舎（昭和61(1986)年撮影）

昭和3(1928)年2月開業で駅舎はおそらく開業時のもの。当時は国鉄高森線に属し、駅名は「阿蘇下田」だった。昭和61(1986)年4月に南阿蘇鉄道に転換した。

あさぎり駅

くま川鉄道・熊本県

●現駅舎（平成23(2011)年撮影）

平成11(1999)年10月改築。「あさぎり町商工コミュニティセンター」との合築でSLを模している。

●旧駅舎（昭和63(1988)年撮影）

大正13(1924)年3月開業時の駅舎。JR湯前線の駅で駅名は「免田（めんだ）」、免田町役場の最寄り駅だった。

改修

老朽化した駅舎を改築するには多額の費用がかかる。そこで行われるのが「改修」である。建物の骨組みはそのままにリフォームするのである。

耐震化、バリアフリー化などが主な改修理由だが、ほかに増築、美装化、合築化などでも改修は行われる。

ほんの一部のささいな改修から、全面改築とも思えるような大規模な改修まで、前後を見比べてみるとてもおもしろい。

幾寅駅
根室本線・北海道

●改修後（平成30(2018)年撮影）
平成11(1999)年6月公開の映画「鉄道員(ぽっぽや)」の撮影のため「幌舞駅」としてレトロに改装された。

●改修前（平成2(1990)年撮影）
南富良野町役場の最寄り駅。駅舎は昭和8(1933)年6月改築。壁は新建材、窓はアルミサッシだった。

今別駅
津軽線・青森県

●改修後（令和3(2021)年撮影）
平成29(2017)年7月にリニューアルされ、待合室の拡張・美装化および事務室部分がトイレに改修された。

●改修前（昭和63(1988)年撮影）
昭和33(1958)年10月開業時のもので、ブロック積みというのがはっきり分かるような造りだった。

大野駅
常磐線・福島県

●改修後（令和3(2021)年撮影）
震災以来、町内に立ち入りさえできない状況だった。駅舎は営業休止中に改修され、事故から9年たった令和2(2020)年3月14日の運行再開と同時に使用開始された。

●改修前（平成15(2003)年撮影）
昭和63(1988)年3月使用開始の橋上駅舎。福島第一原発の最寄り駅であり、東日本大震災による津波の被害はなかったが、原発事故により営業休止となった。

下馬駅
仙石線・宮城県

●改修後（平成22(2010)年撮影）
平成元(1989)年3月にリニューアルされた。駅舎は小さく駅前広場も無いが、周辺は住宅が密集している。

●改修前（昭和60(1985)年撮影）
昭和7(1932)年8月開業時の駅舎。武士が鹽竈神社へ参拝する際にここで馬を下りたことが地名の由来という。

成東駅
総武本線・千葉県

●改修後（平成22(2010)年撮影）
平成20(2008)年3月に明治時代をイメージしたレンガ風の外観に改装。駅前ロータリーも整備された。

●改修前（平成20(2008)年撮影）
昭和20(1945)年8月13日の空襲で駅舎が爆発。昭和22(1947)年4月に再建されたのがこの駅舎だった。

東所沢駅
武蔵野線・埼玉県

●改修後（令和3(2021)年撮影）
令和2(2020)年11月リニューアル。文化複合施設「ところざわサクラタウン」内の「角川武蔵野ミュージアム」の最寄り駅ということをアピールしている。

●改修前（平成23(2011)年撮影）
昭和48(1973)年4月開業。駅舎は開業時のもので2階が事務室になっている。コンビニ「NEWDAYS」は民営化後に設置された。

三鷹駅
中央本線・東京都

●改修後（平成27(2015)年撮影）
平成26(2014)年9月に「緑＋水＋文化」をキーワードにリニューアルされ1階にカフェが入店した。

●改修前（昭和59(1984)年撮影）
この北口は昭和44(1969)年4月築。駅機能のみの純粋な駅ビルだった。改札は2階にある。

替佐駅
飯山線・長野県

●改修後（平成26(2014)年12月撮影）
北陸新幹線飯山駅開業に合わせて平成26(2014)年11月にリニューアルされた。ほかにも飯山線の計6駅で「ふるさと」をテーマに駅舎のリニューアルが行われた。

●改修前（平成26(2014)年8月撮影）
大正10(1921)年10月開業、駅舎はその前年の大正9(1920)年11月建築。宿直室を備えた昔ながらの駅舎だった。

信濃大町駅
大糸線・長野県

●改修後（令和3(2021)年撮影）
平成22(2010)年7月リニューアル。2階部分は解体され山小屋風の外観になった。

●改修前（平成8(1996)年撮影）
昭和25(1950)年1月改築。一部2階建てで、2階部分はレストランになっていた。

三国港駅
えちぜん鉄道・福井県

●改修後（平成23(2011)年撮影）
老朽化により改修することになり、平成22(2010)年3月に建築当時の雰囲気にリニューアルされた。

●改修前（平成16(2004)年撮影）
大正12(1923)年に国鉄三国線の駅舎として建てられたものだが、何度も改修が繰り返されていた。

伊勢市駅
参宮線・三重県

●改修前
（平成6(1994)年撮影）
民営化時にリニューアル。一部の窓が壁で塞がれた。

●改修後
（令和3(2021)年撮影）
伊勢神宮の「神宮式年遷宮」を機に平成24(2012)年3月にリニューアルされた。

●改修前（昭和58(1983)年撮影）
昭和25(1950)年3月改築の規模の大きな駅舎。伊勢神宮参拝の玄関駅として全国から参拝者が訪れる。

切目駅
紀勢本線・和歌山県

●改修後（令和2(2020)年撮影）
令和元(2019)年10月にリニューアルが完成。旧事務室は多目的スペースとして住民に解放されている。

●改修前（平成14(2002)年撮影）
昭和6(1931)年9月開業時の駅舎。無人化を機に町が駅舎の無償譲渡を受け、令和元(2019)年6月に改修を着工。

岩出駅
和歌山線・和歌山県

●改修後（令和2(2020)年撮影）
バリアフリー化のため令和2(2020)年2月にリニューアル。スロープやエレベーター付き跨線橋が設置された。

●改修前（平成5(1993)年撮影）
昭和10(1935)年3月改築の駅舎で、妻面がホームに面しているという、おもしろい形状をしている。

笠置駅
関西本線・京都府

●改修後（平成30(2018)年撮影）
改修工事は平成29(2017)年4月に完了した。旧事務室部分のテナントがなかなか決まらなかったが、同年8月にカフェがオープンした。

●改修前（平成28(2016)年撮影）
昭和30(1955)年4月改築。平成29(2017)年に町がJRから駅舎の無償譲渡を受け、観光客誘致と町の活性化を目的として改修することになった。

湖山駅
山陰本線・鳥取県

●改修後（平成22(2010)年撮影）
原型から大幅にリニューアルされた。改修年は不明だが平成12(2000)年ごろにはこの形になっていた。

●改修前（昭和56(1981)年撮影）
明治40(1907)年4月開業時の駅舎。駅前は住宅地で駅の利用者も多かった。

玉造温泉駅
山陰本線・島根県

●改修前
（平成20(2008)年撮影）
民営化時に入口に三角ファサードとJRマーク・勾玉が付けられた。

●改修後
（平成28(2016)年撮影）
平成24(2012)年9月に神社風に改装され、待合室にはエアコンが完備された。

●改修前（昭和59(1984)年撮影）
昭和9(1934)年11月改築。有名な温泉地の駅でありながら素朴な駅舎だった。

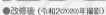

木次駅
木次線・島根県

●改修前
（平成元(1989)年撮影）
民営化時にリニューアルが行われた。

●改修後
（平成6(1994)年撮影）
再度リニューアル。駅舎内に観光案内所が置かれた。

●改修前（昭和58(1983)年撮影）
昭和9(1934)年8月開業時の駅舎。鉄道部が置かれ、国鉄バスも接続する主要駅だった。

備前片上駅
赤穂線・岡山県

●改修後（令和3(2021)年撮影）
令和3(2021)年8月のリニューアルで窓口を廃止し、代わりに駅舎内にトイレ・市営バスの事務所が置かれた。

●改修前（平成18(2006)年撮影）
昭和33(1958)年3月開業時のブロック積みの駅舎。備前市の代表駅だが中心部に近いのは隣の西片上駅になる。

誕生寺駅
津山線・岡山県

●改修後（平成18(2006)年撮影）
平成16(2004)年に大幅にリニューアルされた。窓口は無くなり、事務室はトイレに造り替えられた。

●改修前（昭和61(1986)年撮影）
明治31(1898)年12月開業時の駅舎。駅名の由来である浄土宗の開祖・法然の生誕地の誕生寺へは徒歩約10分。

雀田駅
小野田線・山口県

●改修後（令和2(2020)年撮影）
平成30(2018)年8月に最寄りの山口東京理科大学のスクールカラーであるだいだい色にリニューアルされた。

●改修前（平成23(2011)年撮影）
昭和4(1929)年5月開業時の駅舎。2本の線路に挟まれた場所に建つ。当時はまだ窓口できっぷを売っていた。

多度津駅
予讃線・香川県

●改修後（平成20(2008)年撮影）
平成2(1990)年6月リニューアル。駅舎内のKIOSKは平成30(2018)年7月に駅前のコンビニに移転した。

●改修前（昭和56(1981)年撮影）
大正2(1913)年12月改築。予讃線と土讃線の２つの本線が分岐駅する鉄道の要衝として栄えてきた。

本山駅
予讃線・香川県

●改修後（平成16(2004)年撮影）
民営化時にリニューアルして店舗付き駅舎になった。店は何度か入れ替わり、現在は空きになっている。

●改修前（昭和62(1987)年撮影）
大正2(1913)年12月開業時の駅舎。当時の所在地は「三豊郡豊中町」で、町役場の最寄り駅だった。

阿波池田駅
土讃線・徳島県

●改修後（令和5(2023)年撮影）
平成2(1990)年3月リニューアル。当初は駅舎内にうどん店があったが、その後撤退しコンビニになっている。

●改修前（昭和59(1984)年撮影）
昭和10(1935)年11月改築。大歩危・祖谷観光の玄関口でもあるほか、川之江へ国鉄バスが連絡していた。

阿波川口駅
土讃線・徳島県

●改修後（令和元(2019)年撮影）
平成29(2017)年11月に地元に伝わる伝説をもとに汽車に化けた「汽車狸」をモチーフとした装飾が施された。

●改修前（平成14(2002)年撮影）
昭和63(1988)年3月改築で当初は単なる箱型の駅舎だったが、民営化時にファサードの装飾が施された。

田川伊田駅

日田彦山線・福岡県

●改修前（平成15(2003)年撮影）
平成2(1990)年3月に大幅にリニューアルされ、銀行や飲食店などの施設が入店した。しかし、やがて店舗の撤退が相次ぎ、ほとんどが空き店舗となったことから、再リニューアルされることとなった。

●旧駅舎（昭和60(1985)年撮影）
筑豊地区の鉄道の要衝で、明治32(1899)年2月改築のたいへん特徴的で立派な駅舎だった。
旧駅名は「伊田」で、昭和57(1982)年11月に現駅名の「田川伊田」に改称された。

●改修後（令和元(2019)年撮影）
平成31(2019)年4月に炭坑をイメージした黒基調にリニューアルした。しかし、委託企業の資金不足で当初はトイレ、待合所、展望テラスなど一部のみの使用可能にとどまった。その後、資金繰りがついたことから、令和元(2019)年9月に晴れてグランドオープンとなった。パン販売店、物産紹介所、レストラン、ゲストハウス（宿泊施設）などが入店している。

肥前浜駅

長崎本線・佐賀県

●改修後（平成31(2019)年撮影）
平成31(2019)年3月に建築当初の形にリニューアル。旧事務室は観光案内所やイベントスペースになった。

●改修前（平成14(2002)年撮影）
昭和5(1930)年11月開業時の駅舎。3つのファサードが特徴だが、いちばん左のものはあとから足されたもの。

木花駅

日南線・宮崎県

●改修後（令和4(2022)年撮影）
読売ジャイアンツがキャンプを行うスタジアムの最寄り駅であることから令和4(2022)年1月にジャイアンツカラーにリニューアル。駅前ロータリーも整備された。

●改修前（平成21(2009)年撮影）
昭和38(1963)年5月開業時のものを改修した駅舎。当時は駅前広場はなく、付近は住宅が密集していた。

特殊パターン

通常、駅舎の改築は、高架化・橋上化・簡素化などある程度のパターンに分けられる。しかし、なかにはそのほかの変わったパターンの改築が行われることがある。

ここではそんな通常のパターンに当てはまらない「へえ〜」と思うものや、「なんで?」と思う改築例を集めてみた。

弘前駅

奥羽本線・青森県

ビル ⇩ ビル

●現駅舎（令和3(2021)年撮影）
平成16(2004)年12月に改築され、改札が2階に移動し橋上駅舎になった。2階には展望デッキが設けられた。

●旧駅舎（昭和59(1984)年撮影）
駅ビル「アプリーズ」の右隣にあるのが駅舎で、昭和56(1981)年1月改築。改札は1階にあった。

大甕駅

常磐線・茨城県

地平 ⇩ 半地下

●現駅舎（令和3(2021)年撮影）
平成30(2018)年12月に駅施設が地下に移転。入口は地上と旧駅舎のあった高い場所にも設けられている。

●旧駅舎（平成20(2008)年撮影）
昭和61(1986)年6月改築。駅前広場は低い場所にあり、駅舎とは階段とエスカレーターで結ばれていた。

白山駅

越後線・新潟県

地平 ⇩ 地下

●現駅舎（平成27(2015)年撮影）
平成25(2013)年9月に改築され、改札が地下自由通路の途中に移動。旧駅舎のあった場所はロータリーに。

●旧駅舎（平成17(2005)年撮影）
昭和26(1951)年12月のルート変更時に出来た駅舎。改札は地上にありホームとは地下道で結ばれていた。

笠島駅

信越本線・新潟県

高床 ⇩ 高床

●現駅舎（平成17(2005)年撮影）
平成15(2003)年改築。旧駅舎と同じく高床式で、やはり反対側のホームへ行くには駅舎の下をくぐる。

●旧駅舎（平成12(2000)年撮影）
高床式の駅舎。建築年不明。駅舎の下にトイレがあり、反対側のホームへ行くには駅舎の下をくぐっていた。

牛浜駅

青梅線・東京都

橋上⇩橋上

●現駅舎（平成29(2017)年撮影）

平成24(2012)年10月に使用開始された。同時期に造られた近隣の橋上駅舎と比べると小振りでシンプル。新駅舎の使用開始後に旧駅舎が解体された。

●旧駅舎（平成3(1991)年撮影）

昭和36(1961)年3月改築。青梅線で最初に造られた橋上駅舎だった。駅舎の老朽化およびバリアフリー化のため改築されることになった。

岩波駅

御殿場線・静岡県

橋上⇩地平

●現駅舎（令和3(2021)年撮影）

令和元(2019)年5月に地平駅舎が使用開始になった。ホームも島式から2面2線に変えられた。旧駅舎は跨線橋として存続している。

●旧駅舎（平成8(1996)年撮影）

平成元(1989)年改築のガラスを多用した橋上駅舎。バリアフリー化のため地平駅舎が造られることになった。

桑名駅

関西本線・三重県

橋上⇩橋上

●現駅舎（令和5(2023)年撮影）

令和2(2020)年8月改築。旧駅舎の南側に造られた。この改築でJRと近鉄・養老鉄道で改札が分けられた。

●旧駅舎（平成18(2006)年撮影）

昭和50(1975)年ごろの改築。近鉄は地平駅舎が別にあったが、どちらもJRと近鉄で改札は共通だった。

和歌山市駅

南海電鉄・和歌山県

橋上⇩地平

●現駅舎（令和2(2020)年撮影）

駅施設を中心とした複合施設「キーノ和歌山」。令和2(2020)年6月オープン。オフィス、飲食・商業エリア、ホテル、図書館などがある。改札は地上に設置。

●旧駅舎（平成27(2015)年撮影）

昭和48(1973)年5月完成の駅ビル「南海和歌山ビル」。地上7階、地下1階建てで、飲食店や商業施設などが入店、南海電鉄の所有で改札・窓口は2階にあった。

徳山駅

山陽本線・山口県

ビル⇩ビル

●現駅舎（令和2(2020)年撮影）

新しい駅ビルは平成30(2018)年2月にオープンした。「周南市立徳山駅前図書館」で、スターバックスと蔦屋書店が出店。駅施設は2階に置かれている。

●旧駅舎（昭和57(1982)年撮影）

昭和44(1969)年10月開業の駅ビル「徳山ステーションビル」。1階が駅施設、2・3階がデパート。郊外店舗に押され閉店し、晩年は市民交流センターになった。

戸畑駅

鹿児島本線・福岡県

ビル⇩地平

●現駅舎（平成22(2010)年撮影）

平成11(1999)年3月改築。2階建てのモールになっていて駅施設は1階に置かれている。

●旧駅舎（昭和59(1984)年撮影）

昭和39(1964)年9月建築の駅ビル。地上4階・地下1階建てで地下は食堂街になっていた。

八幡駅

鹿児島本線・福岡県

ビル⇩ビル

●現駅舎（平成20(2008)年撮影）

平成19(2007)年11月に一部使用開始、平成20(2008)年3月に全面開業。1階は駅と商業スペース、2〜5階は立体駐車場になっている。

●旧駅舎（昭和58(1983)年撮影）

昭和30(1955)年8月改築。昭和56(1981)年5月から平成14(2002)年6月までは2階に北九州市の自然史博物館が入居していた。

鹿児島駅

鹿児島本線・鹿児島県

橋上⇩橋上

●現駅舎（令和4(2022)年撮影）

令和2(2020)年2月改築の半橋上駅舎。黒と白を基調とした大正時代風のレトロなデザイン。

●旧駅舎（平成14(2002)年撮影）

昭和51(1976)年9月改築の半橋上駅舎。老朽化・バリアフリー化のため平成30(2018)年10月に仮駅舎に。

増築・駅前整備

もとの駅舎はそのままだが、駅前が整備されたり、増築されたりするとイメージがガラリと変わる場合がある。最近の増設はバリアフリー化でエレベーターが付け足される場合が多い。ほかにも合築化や周辺の施設への連絡通路増設などがされるものもある。そんな増築・駅前整備でイメージにどういう変化があるのか見てみよう。

大成駅
根室本線・北海道

●現駅舎（平成30(2018)年撮影）
近くに高校があり通学生の利用が多いことから、平成23(2011)年11月に大きな待合いスペースが設置された。

●旧駅舎（平成11(1999)年撮影）
昭和61(1986)年11月に臨時乗降場として開業、民営化時に正駅に昇格。ホームのみの駅だった。

双葉駅
常磐線・福島県

●現駅舎（令和3(2021)年撮影）
震災前の駅舎の仙台方に隣接するかたちで橋上駅舎が建設され、令和2(2020)年3月14日の運行再開と同時に使用開始された。

●旧駅舎（平成15(2003)年撮影）
平成10(1998)年10月改築の合築駅舎「ステーションプラザふたば」。商工会が同居し、改札は地上にあった。福島第一原発事故により営業休止となった。

有備館駅
陸羽東線・福島県

●現駅舎（平成22(2010)年撮影）
平成14(2002)年4月に駅前広場に「ユービック」がオープン。「交流ホール」「情報コーナー」「集会室」「休憩コーナー」など施設が充実している。

●旧駅舎（平成9(1997)年撮影）
平成8(1996)年3月開業。当初はプレハブの待合室があるだけだった。駅名となった現存する日本最古の学問所「有備館」は駅からすぐ。

市川駅
総武本線・千葉県

●現駅舎（平成23(2011)年撮影）
平成22(2010)年1月に2層構造のペデストリアンデッキが完成し、駅前の2棟の高層ビルとをつないでいる。

●旧駅舎（昭和63(1988)年撮影）
昭和47(1972)年11月高架化。ペデストリアンデッキは無く、高架駅としては普通の造りだった。

鹿島田駅

南武線・神奈川県

●現駅舎・改修前（平成9(1997)年撮影）
平成元(1989)年3月に橋上駅舎に改築された。ペデストリアンデッキはまだなかった。

●旧駅舎（昭和58(1983)年撮影）
昭和38(1963)年2月改築の駅舎。地上改札の普通の小駅のひとつに過ぎなかった。

●現駅舎（平成25(2013)年撮影）
平成16(2004)年7月に隣接するミニ駅ビルが開業、さらに平成28(2016)年11月には新川崎駅とを結ぶ連絡通路が完成した。

●現駅舎・改修前（平成17(2005)年撮影）
駅前の道路をまたいでショッピングセンターとを繋ぐペデストリアンデッキが設置された。

塩崎駅

中央本線・山梨県

●旧駅舎（平成16(2004)年撮影）
平成7(1995)年にコンビニと一体化した駅舎になった。コンビニは下りホーム側にあり、上りホーム側には駅舎は無かった。

●旧駅舎（平成2(1990)年撮影）
昭和26(1951)年12月の開業時は木造駅舎があったが、昭和47(1972)年に無人化され、駅舎は解体されていた。

●現駅舎（令和3(2021)年撮影）
平成31(2019)年に駅前広場も整備され、狭く危険だった上りホーム側への地下道も安全になった。何も無かった上りホーム側も駅舎と駅前広場が整備された。

●現駅舎（令和3(2021)年撮影）
コンビニは平成19(2007)年12月に閉店し、駅周辺の再開発が始まった。平成26(2014)年にバリアフリーに対応した駅舎が造られた。

湯河原駅

東海道本線・神奈川県

●現駅舎（平成29(2017)年撮影）

平成29(2017)年10月に駅前が大屋根で覆われ、温泉地らしく手湯を設置。同時に駅舎もリニューアルされた。

●旧駅舎（昭和62(1987)年撮影）

昭和60(1985)年1月改築。駅前のバス・タクシーのりばには普通の屋根が架かっていた。

可児駅

太多線・岐阜県

●現駅舎（平成30(2018)年撮影）

平成30(2018)年3月に駅舎の一部を隠すように自由通路が完成。この自由通路は駅の跨線橋も兼ねている。

●旧駅舎（平成18(2006)年撮影）

大正7(1918)年12月開業時の駅舎。駅前にかつて実際に使用されていた腕木式信号機があった。

草津駅

東海道本線・滋賀県

●現駅舎（平成27(2015)年撮影）

平成8(1996)年3月に2階と直結した「街道ふれあい広場」が完成。草津宿をイメージした庭園になっている。

●旧駅舎（昭和58(1983)年撮影）

昭和42(1967)年7月改築。滋賀県内の東海道線では初の橋上駅舎となった。

堺市駅

阪和線・大阪府

●現駅舎（令和5(2023)年撮影）

平成11(1999)年に西側にできたショッピングセンターへ橋上からつながる連絡通路が設置された。

●旧駅舎（昭和58(1983)年撮影）

昭和58(1983)年3月改築の橋上駅舎。独立した駅舎で周囲のどことも連絡していなかった。

朝霧駅
山陽本線・兵庫県

●現駅舎（平成25(2013)年撮影）
平成10(1998)年10月改築。明るく開放的な駅舎で一部2階建て。コンビニが併設されている。

●旧駅舎（昭和61(1986)年撮影）
昭和43(1968)年6月開業時の駅舎でコンクリート造り平屋建てだった。ホームは駅舎より低い位置にある。

大富駅
赤穂線・岡山県

●現駅舎（令和5(2023)年撮影）
駅前整備にともない、トイレ・スロープ・駐輪場の工事が行われ、令和5(2023)年3月に完了した。

●旧駅舎（令和元(2019)年撮影）
昭和37(1962)年9月開業。駅舎は無かったが、改札機設置により平成19(2007)年3月に入口に上家が造られた。

屋島駅
高徳線・香川県

●現駅舎（平成13(2001)年撮影）
民営化後に増築されパン屋が併設された。屋島観光へは駅前からシャトルバスが連絡している。

●旧駅舎（昭和62(1987)年撮影）
大正14(1925)年8月開業。駅舎の建築年は不明。源平古戦場屋島観光の下車駅で急行列車が停車していた。

小森江駅
鹿児島本線・福岡県

●現駅舎（平成16(2004)年撮影）
開業からしばらくして待合室が増設された。駅前には関門トンネルの点検用の入口がある。

●旧駅舎（昭和63(1988)年撮影）
昭和63(1988)年3月開業。開業まもないころはきっぷうりばのみがあり、待合室は無かった。

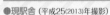

東郷駅

鹿児島本線・福岡県

●現駅舎（平成31(2019)年撮影）
宗像大社の世界遺産登録を機に平成29(2017)年10月ごろに駅舎・駅前広場が大規模にリニューアルされた。

●旧駅舎（昭和63(1988)年撮影）
昭和54(1979)年6月改築の橋上駅舎。宗像市の代表駅で、駅名は開業時の地名である「宗像郡東郷村」から。

柚須駅

篠栗線・福岡県

●現駅舎（平成18(2006)年撮影）
駅舎は立体駐輪場に覆われてしまった。利用客が多く、開業時は片面だったホームは2面2線に増設されている。

●旧駅舎（平成5(1993)年撮影）
昭和63(1988)年3月開業。駅舎は開業時のもの。廃止された勝田線との分岐部分に設置されている。

博多南駅

博多南線・福岡県

●現駅舎（平成18(2006)年撮影）
さらに平成17(2005)年4月に博多南駅前ビルが完成しペデストリアンデッキで接続した。ビルには橋上広場があり1階はバスターミナルになっている。

●旧駅舎（平成7(1995)年撮影）
平成2(1990)年4月に新幹線の回送線を利用して開業。駅舎は当初はシンプルだった。しばらくして駅前の道路を挟んだところに駐輪場ができ駅と陸橋で結ばれた。

けやき台駅

鹿児島本線・佐賀県

●現駅舎（平成18(2006)年撮影）
しばらくして東側にある国道側にも出口ができ、国道沿いにある飲食店等とのアクセスが向上した。

●旧駅舎（平成12(2000)年撮影）
平成2(1990)年3月開業の橋上駅舎。当初はニュータウン「けやき台」のある西側にしか出口は無かった。

減築

増築される駅舎があれば、逆に減築される駅舎もある。貨物扱いが廃止されたり無人化されたりすると、駅舎の維持費削減のため不要になった事務室部分などが解体や縮小されることがある。無人化された駅舎の減築は待合室だけが残されるものが多いが、なかには窓口が残され、きっぷの販売が続けられる場合もある。

十勝清水駅
根室本線・北海道

●現駅舎（平成30(2018)年撮影）
平成14(2002)年に隣接する場所にハーモニープラザが建設され、駅舎の一部が解体された。

●旧駅舎（平成2(1990)年撮影）
昭和41(1966)年11月改築。駅舎には写真店・バーガーショップが併設されていた。

母恋駅
室蘭本線・北海道

●現駅舎（平成30(2018)年撮影）
当初に比べると駅舎の左側が一部解体され、やや小さくなっている。「母恋めし」の発売は平成14(2002)年。

●旧駅舎（昭和61(1986)年撮影）
昭和10(1935)年12月開業時の駅舎。当時は「母恋めし」はまだ存在せず、「母の日入場券」が有名だった。

各務ヶ原駅
高山本線・岐阜県

●旧駅舎（平成21(2009)年撮影）
やがて話題となったコンビニも撤退し、無人となった。店舗部分は閉鎖され、駅舎全体が白く塗られた。

●旧駅舎（平成4(1992)年影）
昭和53(1978)年10月改築。当初はレストラン・ゲームセンターが併設され「変わった駅」として全国的な話題になった。国鉄が民営化した昭和62(1987)年4月には店舗がJR東海直営のコンビニ「サンレール」に変わり「国鉄(JR)初のコンビニ店」となった。

●現駅舎（平成30(2018)年撮影）
平成30(2018)年11月に店舗部分が解体され、コンパクト化された。解体された跡地は駐輪場になっている。

●豆知識

各務原市にある駅だが、駅名は「各務ヶ原（かがみがはら）」。
市名は「各務原（かかみがはら）」で、市名と駅名で表記・読みが異なる。
ちなみに各務原市の代表駅は名鉄の「各務原（かかみがはら）市役所前」になる。

三石駅
山陽本線・岡山県

●現駅舎（平成30(2018)年撮影）
正面から見て左側にあった事務室部分が解体され、平成30(2018)年3月に跡地に乗務員の休憩所が建てられた。

●旧駅舎（平成20(2008)年撮影）
大正10(1935)年2月改築。道路より高い位置に駅舎があり、ホームはさらに高い位置にある。

東津山駅
姫新線・岡山県

●現駅舎（令和3(2021)年撮影）
平成12(2000)年ごろに左側が解体され半分ほどの大きさになった。解体した跡地には交番が建てられた。

●旧駅舎（平成10(1998)年撮影）
昭和3(1928)年4月開業時の駅舎。駅前の碑は「鉄道開通70年記念」の記念碑。現在は別の場所に移されている。

上八木駅
可部線・広島県

●旧駅舎（平成20(2008)年撮影）
後方から撮影。事務室部分が現在より大きかった。

●旧駅舎
（平成20(2008)年撮影）
昭和28(1953)年11月築。全国有数の狭い駅舎で、無人化され塞がれていたものの窓口があった。

●現駅舎（平成22(2010)年撮影）
事務室部分の一部が解体されたことがわかる。解体した跡地は駐輪場になった。

●現駅舎
（平成22(2010)年撮影）
平成20(2008)年5月のバリアフリー化工事で、駅舎の改装が行われた。駅舎の後部が解体され、小さかった駅舎がさらに小さくなった。

折居駅
山陰本線・島根県

●現駅舎（平成20(2008)年撮影）
左端の宿直室部分が解体された。令和元(2019)年7月には外壁の塗り替えなど再リニューアルが行われている。

●旧駅舎（平成元(1989)年撮影）
大正13(1924)年4月開業時の駅舎。駅前がすぐ日本海になっているというロケーションの良さで人気がある。

鳴門駅
鳴門線・徳島県

●現駅舎（令和2(2020)年撮影）
平成28(2016)年ごろにリニューアルが行われ、駅舎左側の一部が減築された。2年後には駅前整備も行われた。

●旧駅舎（平成12(2000)年撮影）
昭和45(1970)年3月の駅移転時に建てられた駅舎。この移転で鳴門線の営業キロは200メートル伸びた。

北宇和島駅
予讃線・愛媛県

●現駅舎（平成16(2004)年撮影）
民営化時にリニューアルされ、右端にあった宿直室部分が解体された。

●旧駅舎（昭和60(1985)年撮影）
昭和16(1941)年7月開業時の駅舎。予讃線の延伸時にすでに開業していた宇和島線との分岐駅として開業した。

狩生駅
日豊本線・大分県

●現駅舎（令和4(2022)年撮影）
平成28(2016)年ごろに事務所部分を減築、さらに令和元(2019)年ごろに駅に隣接していた商店が解体された。

●旧駅舎（平成15(2003)年撮影）
昭和34(1959)年4月開業時の駅舎。駅舎の前面に付け足されたように商店が建っていた。

移転

駅が移転する理由は、高架化や地下化、スイッチバックの廃止などが大半を占める。
また、商業施設や公共施設の建設により市街地を再構築するために移転する場合もある。
移転により、駅が便利になり発展する場合が多いが、いっぽうで移転前の駅があった場所は忘れられてしまうことがほとんどだ。そんな移転した駅を見比べて記憶に留めておいて欲しい。

新冠駅
日高本線・北海道

●現駅舎（平成30(2018)年撮影）※令和3(2021)年4月廃止
平成11(1999)年12月に苫小牧方に約50メートル移転した。広い駅前広場が整備され、旧駅跡は道路になった。

●旧駅舎（平成7(1995)年撮影）
大正15(1926)年12月開業時の駅舎だが、開業時に比べて左側の一部が解体されややコンパクト化されている。

苗穂駅
函館本線・北海道

●現駅舎（平成30(2018)年撮影）
駅の北側にあるショッピングモールへのアクセス改善のため、平成30(2018)年11月に旧駅舎から約300メートル札幌方に移転し、橋上駅舎に生まれ変わった。

●旧駅舎（平成11(1999)年撮影）
昭和10(1935)年10月改築の大きな駅舎で、以前は千歳線が分岐していた。移転から約半年後の令和元(2019)年6月より解体が行われた。

新花巻駅
釜石線・岩手県

●現駅舎（平成9(1997)年撮影）
昭和60(1985)年3月14日に矢沢駅の東約400メートルを交差する東北新幹線上に新花巻駅が開業。その引き換えに矢沢駅は廃止となった。

●旧駅舎（昭和60(1985)年5月撮影）
移転前の駅名は「矢沢（やさわ）」で、かつては駅舎もあった。写真は移転から約2か月経っていたが駅舎は解体されていたもののホームと駅名標はまだ残っていた。

織笠駅
三陸鉄道・岩手県

●現駅舎（令和3(2021)年撮影）
津波により甚大な被害を受けたため住民が集団移転、それに合わせて駅も宮古方に約1キロ移転し、平成31(2019)年3月23日に営業開始された。

●旧駅舎（平成19(2007)年撮影）
平成11(1999)年2月改築の簡易駅舎。それ以前は昭和11(1936)年11月開業時の駅舎だった。
東日本大地震の大津波により駅舎は流失してしまった。

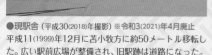

常陸太田駅

水郡線・茨城県

●現駅舎（平成23(2011)年撮影）

平成23(2011)年4月供用開始。徳川光圀の隠居所である西山荘をイメージ。旧駅跡はロータリーになった。

●旧駅舎（平成14(2002)年撮影）

昭和2(1927)年12月改築の立派な駅舎だった。周辺道路の整備のためやや南に移転した。

飯山駅

飯山線・長野県

●現駅舎（平成27(2015)年撮影）

北陸新幹線との乗換駅とするため、平成26(2014)年11月に南に約300メートル移転した。新幹線の開業はその約4か月後の平成27(2015)年3月14日。

●旧駅舎（平成17(2005)年撮影）

大正10(1921)年10月開業時の駅舎。昭和60(1985)年ごろに寺の町をイメージして寺社風に改装された。平成26(2014)年11月に新駅に移転後、すぐに解体された。

春日山駅

えちごトキめき鉄道・新潟県

●現駅舎（平成15(2003)年撮影）

平成14(2002)年12月に約300メートル北に移転した。駅ビルになる予定だったが工事が遅れ仮駅舎での開業となった。しかし現在まで工事が進展する様子はない。

●旧駅舎（平成7(1995)年撮影）

旧JRの駅。駅舎は昭和3(1928)年10月開業時のもの。上越市役所の最寄り駅だったが市役所に背を向けているうえに駅前の道路状況も良くなかった。

関山駅

えちごトキめき鉄道・新潟県

●現駅舎（平成20(2008)年撮影）

スイッチバックの廃止により現在地に移転しこの新しい駅舎になった。2階部分はギャラリーになっている。旧線跡は引き込み線として残されている。

●旧駅舎（昭和60(1985)年撮影）

明治19(1886)年8月開業、駅舎の建築年は不明。国鉄時代の昭和60(1985)年10月に運行の効率化のためスイッチバックを廃止し、南に約500メートル移転した。

福井駅停留所
福井鉄道・福井県

●現駅舎（平成28(2016)年撮影）
平成28(2016)年3月のJR福井駅西口広場完成と同時に、路線を150メートル延伸して駅前広場に乗り入れ「福井駅」に改称した。

●旧駅舎（平成22(2010)年撮影）
当時の駅名は「福井駅前」。JRの駅から少し離れた商店街の中にあった。JRの高架化により駅が遠くなったため乗り換えの利便性向上を計りこの場所から移転した。

枇杷島駅
東海道本線・愛知県

●現駅舎（平成21(2009)年撮影）
新駅舎はホーム中央付近に造られ、平成20(2008)年12月に使用開始された。橋上駅舎となり駅の東西に出口と駅前広場が造られた。

●旧駅舎（平成元(1989)年撮影）
昭和10(1935)年3月改築。駅舎前に新幹線の高架が通っていた。駅舎はホームの名古屋方の離れた場所にありホームとは長い地下道で連絡していた。

六地蔵駅
奈良線・京都府

●現駅舎（令和5(2023)年撮影）
令和5(2023)年3月に京都方へ約80メートル移転した。ホームも延伸しカーブが緩和された。京都市営地下鉄との距離も近くなり乗り換えが便利になった。

●旧駅舎（平成24(2012)年撮影）
平成4(1992)年10月に開業した高架下駅舎。入口は1か所のみで反対側には出口はない。ホームがカーブを描いていたため乗り降りが危険だと指摘されていた。

馬堀駅
山陰本線・京都府

●現駅舎（平成28(2016)年撮影）
新線上に移転し新築された駅舎。旧駅舎は駅前約100メートル先にあった。駅跡は道路と駐車場になり痕跡は残っていない。

●旧駅舎（昭和63(1988)年撮影）
先代駅舎が火災で焼失したため昭和51(1976)年4月に再建されたのがこの駅舎。平成元(1989)年3月にルート変更によりこの場所から移転した。

恵美須町駅
阪堺電車・大阪府

●現駅舎（令和5(2023)年撮影）
令和2(2020)年2月に約100メートル南へ移転した。駅舎が新しくなりホームも3面2線から1面1線となってバリアフリー化にも対応した。

●旧駅舎（令和2(2020)年撮影）
大きな交差点の一角にあった。平成30(2018)年の台風21号により駅施設が被災したため、その復旧に合わせて移転することになった。

北条町駅
北条鉄道・兵庫県

●現駅舎（令和5(2023)年撮影）
平成13(2001)年11月に移転。旧駅舎は手前の道路のところにあった。留置線跡は地域交流センターになった。

●旧駅舎（昭和60(1985)年3月撮影）
もと国鉄北条線の駅で大正4(1915)年3月開業。ホームは片面だった。昭和60(1985)年4月に北条鉄道に移管。

中浜駅
境線・鳥取県

●現駅舎（平成21(2009)年撮影）
平成20(2008)年3月に交換設備設置のため境港方に80メートル移転した。跨線橋は無く構内踏切がある。

●旧駅舎（平成20(2008)年2月撮影）
移転直前の旧駅。ホームは片面だった。移転した翌年にはホームはきれいに撤去された。

境港駅
境線・鳥取県

●現駅舎
（平成20(2008)年撮影）
平成7(1995)年3月に線路が真っ直ぐに敷き直されたことにより移転改築された駅舎で、灯台を模している。
旧線・旧駅跡は隠岐汽船のフェリーターミナルや駅前広場になっている。

●旧駅舎（平成3(1991)年撮影）
昭和11(1936)年4月改築。当時は終点の手前で線路が大きくカーブし現在の約100メートル東に駅舎があった。

広電宮島口駅
広島電鉄・広島県

●現駅舎（令和5(2023)年撮影）
乗り換え改善のためレールを敷き直し、令和4(2022)年7月にフェリーターミナルの目の前に駅を移転した。

●旧駅舎（平成23(2011)年撮影）
広島電鉄宮島線の終点。駅舎は平成6(1994)年7月改築。フェリーのりばへは道路を1本渡る必要があった。

高松駅
予讃線・香川県

●現駅舎（平成29(2017)年撮影）
平成13(2001)5月完成。旧駅舎から約200メートル西に移動した。連絡船の発着していた駅北側は港が埋め立てられ再開発が進んでいる。

●旧駅舎（昭和56(1981)年撮影）
昭和35(1960)年3月改築。鉄道管理局の入る四国の玄関口にふさわしい立派な駅ビルだった。平成9(1997)年12月に仮駅舎に移転した。

讃岐塩屋駅
予讃線・香川県

●現駅舎（平成19(2007)年撮影）
瀬戸大橋線工事に伴い昭和62(1987)年3月に0.2キロ西に移転した。駅入口はガード下に設けられた。

●旧駅舎（昭和62(1987)年撮影）
駅舎の無い駅で、ホームが短いためほとんどの列車が通過し、停車本数のたいへん少ない駅だった。

新水前寺駅前電停
熊本市交通局・熊本県

●現駅舎（平成23(2011)年撮影）
JRとの結節改善事業で約150メートル北に移転し「新水前寺駅前」に改称、JRとの乗り換えがたいへん便利に。

●旧駅舎（平成21(2009)年撮影）
当時は「水前寺駅通」という駅名だった。JRの新水前寺駅とは約200メートル離れていた。

新旧同居

駅舎が改築されると、用済みとなった旧駅舎は解体される場合がほとんどだ。

しかし、なかには旧駅舎が残される場合がある。その多くは一部が解体されて倉庫などに転用されたり、単に放置されているものもある。こういった場合は旧駅舎の現役当時を知らないとかつては駅舎だったと気づかないだろう。

最近では、旧駅舎をリニューアルしてほかの用途で再利用する例が増えている。駅舎ファンとしてはうれしいことである。

沼ノ端駅
室蘭本線・北海道

●現駅舎
（平成23(2011)年撮影）
駅舎の無かった北側の開発が進み住宅が増えたため、南北自由通路が造られ平成19(2007)年12月に完成した。窓口は設けられていないが、自由通路上に券売機が設置されている。

閉鎖されながらも残っている旧駅舎
(平成23(2011)年撮影)

●旧駅舎
（平成16(2004)年撮影）
昭和44(1969)年8月改築の地平駅舎で現在の南口にあたる。南側の住宅開発は昭和時代から進められていたが、北口の本格的な開発が始まったのは平成17(2005)年以降である。

旧駅舎内部 (平成16(2004)年撮影)

本輪西駅
室蘭本線・北海道

●現駅舎
（平成30(2018)年撮影）
平成27(2015)年3月改築。旧駅舎の老朽化が著しいことと、利用客が少ないという理由によりたいへんコンパクトなものに改築された。内部にはベンチがあるだけで窓口は無い。

旧駅舎の一部が残されている
(平成30(2018)年撮影)

●旧駅舎
（平成17(2005)年撮影）
昭和32(1957)年5月改築の国鉄時代の雰囲気を残す駅舎だった。室蘭港に面していてガソリンや灯油の輸送の起点となっていたが、平成26(2014)年5月に貨物の取り扱いが廃止された。

腹帯駅
山田線・岩手県

●現駅舎
（平成19(2007)年撮影）
平成11(1999)年2月にホームに接した場所に待合室機能のみの簡易駅舎が建築された。
旧駅舎の一部が倉庫として残されている。

倉庫として残っている旧駅舎の一部
(平成19(2007)年5月撮影)

●旧駅舎
（平成9(1997)年撮影）
ブロック積みの地平駅舎だった。建築年は不明。駅舎とホームが離れているのは貨物を扱っていた名残り。昭和36(1961)年に貨物扱いを廃止、昭和46(1971)年に無人化している。

ホームから見た旧駅舎
(平成9(1997)年撮影)

男鹿駅
男鹿線・秋田県

●現駅舎

（令和元(2019)年撮影）

平成30(2018)年7月に旧駅舎から約200メートル終点側に駅舎を移転した。外壁に男鹿石、内装に県産材を使用し、屋上には展望テラスが設けられた。

旧駅舎は「ステーションギャラリー」としてしばらく利用されたあと、令和3(2021)年11月に「クラフトサケ醸造所」としてリニューアルされた。

●旧駅舎

（平成25(2013)年撮影）

昭和14(1939)年12月改築の駅舎。平成24(2012)年10月に「なまはげの訪れる古民家風の駅」をコンセプトにリニューアルされ、入口の脇になまはげの像が置かれていた。また重厚感を出すために外壁に男鹿石が貼られていた。

高屋駅
陸羽西線・山形県

●現駅舎

（平成21(2009)年撮影）

平成21(2009)年3月に簡易な駅舎に改築された。デザインは周りの景観に合わせて山小屋風にしたという。新駅舎のとなりに旧駅舎の一部が残され倉庫として使用されている。

●旧駅舎

（平成16(2004)年撮影）

昭和27(1952)年2月開業時の駅舎。駅は山の中腹に設けられ、駅前がやたらと広い。最上川を見下ろすことができ、川下りの乗船場も近い。周辺に民家はほとんど無い。

津谷駅
陸羽西線・山形県

●現駅舎

（平成21(2009)年撮影）

平成21(2009)年3月に列車の乗り降りがしやすいようにとホーム脇に新しい待合室が造られた。旧駅舎は一部が残され倉庫として利用されている。

残された旧駅舎の一部。「本屋1号」の財産標が付いている。

●旧駅舎

（平成12(2000)年撮影）

大正3(1914)年9月開業時の駅舎。豪雪地帯であるため駅舎の周りに雪囲いが施されていた。この寄棟屋根の駅舎はかつての陸羽西線の各駅舎に共通した形状である。

岩出山駅
陸羽東線・宮城県

●現駅舎

（平成22(2010)年撮影）

昭和59(1984)年2月に旧駅舎の右隣に建設された簡易駅舎。平成20(2008)年9月に岩出山城をイメージしたリニューアルで和風の外観になった。

リニューアル前の駅舎
(平成16(2004)年撮影)

●旧駅舎

（平成22(2010)年撮影）

現駅舎の隣に残された旧駅舎は昭和61(1986)年に観光物産センター・鉄道資料館になった。地元の農産品の販売のほか、鉄道資料が展示されている。

新旧の駅舎が並んでいる
(平成22(2010)年撮影)

白岡駅
東北本線・埼玉県

●現駅舎

（平成27(2015)年撮影）

旧南埼玉郡白岡町の駅で平成24(2012)年10月に白岡市になった。駅舎は昭和51(1976)年11月に橋上駅舎に改築されたが、この西口には地平駅舎当時の旧駅舎が残されている。

旧駅舎は現駅舎の北側にある

●旧駅舎

（平成27(2015)年撮影）

西口にあるこの旧駅舎は大正時代の改築といわれている。大きさも現役当時と変わっていないようだ。現在は駅長事務室として使用されている。

ホームから見た旧駅舎

銚子駅
総武本線・千葉県

●現駅舎

（令和元(2019)年撮影）

平成30(2018)年3月改築。犬吠埼の灯台をイメージした白い壁になっている。現駅舎の松岸方には旧駅舎の一部が残っており、物産の展示や職員の詰所として使用されている。

赤い屋根の建物が旧駅舎の一部

●旧駅舎

（平成3(1991)年撮影）

戦災で被害を受けたため昭和23(1948)年1月に改築された天井の高い大きな駅舎で、旧海軍香取航空基地の格納庫を移築したものといわれていた。

ホーム側から見た旧駅舎
(平成19(2007)年撮影)

栗橋駅
東北本線・埼玉県

●旧駅舎

（平成27(2015)年撮影）

先々代駅舎。現駅舎から北に約200メートルのところにある。昭和23(1948)年に台風により利根川橋梁が浸水し、橋梁・線路のかさ上げ工事を行った際に現在地に移転した。

橋上駅に改築された現駅舎

上総東駅
いすみ鉄道・千葉県

●旧駅舎

（昭和62(1987)年撮影）

昭和5(1930)年4月に国鉄木原線として開業、昭和29(1954)年9月に無人化されている。この旧駅舎は現在は倉庫として使用されているようだ。

ホームへは旧駅舎の脇を通って達する。

湯田中駅
長野電鉄・長野県

●現駅舎

（平成23(2011)年撮影）

昭和30(1955)年11月に旧駅舎と線路を挟んだ対面にコンクリート造りの現駅舎が完成。「新しい」とはいっても建築から70年近く経ち、すでにレトロ感が出ている。

線路は新旧の駅舎に挟まれている。

●旧駅舎

（平成23(2011)年撮影）

昭和2(1927)年4月開業時の駅舎。志賀高原への玄関口として山小屋風にデザインされている。平成17(2005)年2月に「歴史的景観に寄与している」として国登録有形文化財に指定された。

刈谷駅
東海道本線・愛知県

●現駅舎

（平成7(1995)年撮影）

平成元(1989)年1月に東西連絡通路が完成し、改札が橋上に移動した。旧駅舎は改装されコンビニとなった。東西連絡通路は、この後さらに延伸された。

橋上に移動した改札

（平成30(2018)年撮影）

●旧駅舎

（昭和60(1985)年撮影）

地平駅舎現役当時の刈谷駅。昭和28(1953)年3月改築。コンクリートの駅舎で旅行センターが入り、各ホームとは跨線橋で結ばれていた。

橋上化直後の刈谷駅

（平成元(1989)年撮影）

垂井駅
東海道本線・岐阜県

●現駅舎
（令和5(2023)年撮影）
橋上化から8年後の平成15(2003)年4月に駅前広場が完成。残されている旧駅舎の一部は橋上化当初に比べると縮小されたが、いまだに健在である。

橋上化当初より小さくなった現在の旧駅舎の一部。（令和5(2023)年撮影）

●旧駅舎
（昭和61(1986)年撮影）
昭和40(1965)年10月改築の鉄骨の地平駅舎。現在の北口にあたる。平成7(1995)年3月に橋上駅舎に改築されたが、旧駅舎の一部が残された。

橋上駅舎になった後も残された旧駅舎の一部。（平成13(2001)年撮影）

湯浅駅
紀勢本線・和歌山県

●現駅舎
（令和2(2020)年撮影）
平成31(2019)年12月に駅部分がオープン。隣接する複合施設「湯浅えき蔵」は令和2(2020)年3月に完成し、テナントが揃った同年10月に全面オープンした。町の特産品であるしょうゆの蔵をイメージしている。

新旧の駅舎が並ぶ

●旧駅舎
（平成14(2002)年撮影）
昭和2(1929)年8月開業時の駅舎で高さのある半切妻屋根が立派。新駅舎のオープンと引換えに閉鎖されたが、飲食・物販施設として改修され令和5(2023)年5月に再オープンした。

閉鎖された旧駅舎内（令和2(2020)年撮影）

奈良駅
関西本線・奈良県

●現駅舎
（平成30(2018)年撮影）
平成22(2010)年3月に高架化が完了した。
旧駅舎は熱心な住民運動で保存されることになり、平成16(2004)年に曳家で移動。そして内部を改装し平成21(2009)年7月に「総合観光案内所」としてオープンした。

移動し保存されている旧駅舎

●旧駅舎
（平成14(2002)年撮影）
昭和9(1934)年建築のコンクリート駅舎。寺院風の重厚な駅舎で細部にまで装飾が施されていた。高架化工事により平成15(2003)年11月に仮駅舎となり、この駅舎は閉鎖された。

高架化前の改札

木ノ本駅
北陸本線・滋賀県

旧駅舎と現駅舎の並び

●現駅舎

（平成27(2015)年撮影）

橋上駅舎に改築のため旧駅舎から70メートル北に移転し平成18(2006)年10月に使用開始された。1階に観光案内所があり地元の物産や土産物も販売している。

現役当時の旧駅舎

(平成7(1995)年撮影)

●旧駅舎

（平成27(2015)年撮影）

新駅舎の完成後も昭和11(1934)年6月改築の旧駅舎が残された。「きのもと まちの駅」として平成23(2011)年3月に改装が完成。地元の方に利用されている。

福崎駅
播但線・兵庫県

観光交流センターの背後に隠れるように本駅舎がある

●現駅舎

（令和元(2019)年撮影）

令和元(2019)年9月完成の「福崎町駅前観光交流センター」。既存駅舎の前面に建てられたもので、内部に窓口などの駅設備はないが「JR福崎駅」と駅名が掲げられている。

平成29(2017)年当時の窓口と改札

●旧駅舎

（平成29(2017)年撮影）

昭和11(1936)年4月改築。前面に建てられた「観光交流センター」に覆われて目立たなくなってしまったが、駅業務は引き続き行われている。

服部駅
吉備線・岡山県

現在のホームから見た旧駅舎

●現駅舎

（平成28(2016)年撮影）

国鉄時代に無人化され、ブロック積みの簡易駅舎になった。田園地帯の中にあるのどかな駅だったが、平成5(1993)年に近くに大学ができたため学生の利用が増えた。

●旧駅舎

（平成28(2016)年撮影）

現在の駅のホームの向かいにある旧駅舎。無人化後、民間に払い下げられ移築されたものだといい、倉庫として使用されている。屋根瓦には中国鉄道だった証の「中」マークが記されている。

【一時的新旧同居】

駅舎の改築には既存駅舎を使い続けながら新駅舎を建設する方法もある。仮駅舎を造らなくて良いため、費用削減・工期短縮というメリットがある。

そしてそういう改築方法を採った場合、工事中に新駅舎と旧駅舎が同居するという光景が見られる。この方法が行われることは少ないうえに期間も短いため新旧の駅舎が同居している光景は貴重である。

松田駅
御殿場線・神奈川県

耐震化のための改築。平成27(2015)年2～5月に旧駅舎の店舗部分を撤去、その跡地に新駅舎が建設された。新駅舎は平成27(2015)年12月に完成。その後、旧駅舎の残った部分が解体された。

(平成28(2016)年撮影)

波高島駅
身延線・山梨県

新駅舎は古いトイレを撤去してその跡地に建てられた。平成27(2015)年11月完成。

旧駅舎は平成28(2016)年3月中に解体。解体跡地は柵が設置され立入りできないようになった。

(平成28(2016)年撮影)

勝間田駅
姫新線・岡山県

旧駅舎は昭和9(1934)年11月開業時もの。新駅舎は旧駅舎の左隣に造られ令和2(2020)年7月着工、令和3(2021)年2月に完成。その後旧駅舎は同年9月に解体が完了、跡地は駐車場・駐輪場になった。

(令和3(2021)年撮影)

金川駅
津山線・岡山県

旧駅舎は明治31(1898)年12月開業時の駅舎だった。岡山国体を機に旧駅舎から50メートル岡山方にコンクリートの新駅舎を建築、平成17(2005)年2月に使用開始された。旧駅舎の跡地は駐輪場になった。

(平成17(2005)年撮影)

牛島駅
徳島線・徳島県

旧駅舎は民営化後にリニューアルされた木造駅舎。新駅舎は旧駅舎の左隣に造られ平成28(2016)年3月に使用開始された。その直後から旧駅舎の解体工事が始まり、解体した跡地は駐車場になった。

(平成28(2016)年撮影)

久留米駅
鹿児島本線・福岡県

旧駅舎の一部が解体され、その跡地に新駅舎が造られた。新駅舎は平成22(2010)年4月に使用開始、九州新幹線は翌年3月に開業。その直後から旧駅舎の解体が始まり、跡地は商業施設や駐輪場になった。

(平成22(2010)年撮影)

肥前白石駅
長崎本線・佐賀県

駅前道路の拡幅工事の支障となるため改築されることになった。旧駅舎の左隣に新駅舎が造られ平成28(2016)年10月使用開始。その直後から旧駅舎の解体が始まった。解体された跡地は小さな公園になった。

(平成28(2016)年撮影)

表裏逆転

駅が設置されるとき、どのような場所に設置されるだろうか。なにもない場所に設置され、駅を中心に町がかたち造られることも多いだろう。

しかし、長い歴史のなかでいままで駅裏だった土地が開発され、いつの間にか駅の表と裏が逆転してしまう場合がある。そんな駅を見ていこう。

高畠駅
奥羽本線・山形県

●現表口（平成23(2011)年撮影）
平成4(1992)年7月に新幹線停車駅となり同年9月に立派な駅舎が造られた。駅舎を西側から東側に移したのは新幹線停車を機に東側の開発を計画したためである。

●旧表口（平成23(2011)年撮影）
旧駅舎は現在と正反対の西側にあった。今でも市街地は西側がメイン。西口にはプレハブの小さな待合室が置かれ、通学時間帯に改札口として使用されている。

陸前落合駅
仙山線・宮城県

●現表口（平成17(2005)年撮影）
平成17(2005)年3月に橋上駅舎になり南口が新設された。昭和45(1970)年ごろから南側に住宅が増え始め、現在ではマンションなどが建つ。

現在の北口

●旧表口（平成8(1996)年撮影）
駅舎があったのは現在の北口にあたる。昭和4(1929)年9月開業時の駅舎だが、開業時に比べると左側が少し切り取られコンパクト化されていた。

羽前長崎駅
左沢線・山形県

●現表口（平成22(2010)年撮影）
平成16(2004)年に設置された西口。駅員が置かれホームも駅舎に接している。市街地は東側がメインだが、楽天2軍の本拠地である山形県営野球場や駅前に駐車場があるため、この西口がメインになったのだろう。

●旧表口（平成19(2007)年撮影）
現在の東口にあたる。昭和15(1940)年6月改築の駅舎。西口ができたと同時にこの東口は無人化された。

現在の東口駅舎
（平成22(2010)年改築・同年撮影）

東飯能駅
八高線・埼玉県

●現表口（平成21(2009)年撮影）
現在の東口。平成12(2000)年10月に百貨店が開店し、まるでこちらが表口のようになった。ただし実際には西口周辺のほうが発展度合は高い。

●旧表口（昭和58(1983)年撮影）
昭和6(1931)年12月開業時の駅舎。現在の西口にあたる。市街地が早くから発展したのはこの西口側である。平成11(1999)年2月に橋上駅舎に改築された。

原当麻駅
相模線・神奈川県

●現表口（平成13(2001)年撮影）
平成3(1991)年5月に橋上駅舎に改築。新設された東口にはロータリーが設けられ表口に。ショッピングモールも近い。

現在の西口

●旧表口（平成元(1989)年撮影）
昭和6(1931)年4月開業時の駅舎。現在の西口にあたり、市街地はこちら側にひろがっていた。駅裏の東側は平成2(1990)年ごろまで田園地帯だった。

足柄駅
御殿場線・静岡県

●現表口（令和3(2021)年撮影）
「足柄駅交流センター」との合築駅舎で令和2(2020)年6月使用開始。駅舎正面は南側になり、かつて正面だった北側は駐車場になった。

●旧表口（平成8(1996)年撮影）
昭和22(1947)年9月の旅客扱い開始時に地元住民の手により建てられた。線路と垂直方向に建ち、正面は北側を向いていた。

小町屋駅
飯田線・長野県

●現表口（平成22(2010)年撮影）
線路の東側にホームが移転し平成20(2008)年12月より使用開始された。新しく駅前広場も整備され、トイレ、駐輪場、バス停が設けられた。

●旧表口（平成13(2001)年撮影）
当時は線路の西側にホームがあり駅前広場は無かった。市道改良工事に伴いホームを移転することになり、平成20(2008)年1月に仮ホームに移転した。

紀三井寺駅
紀勢本線・和歌山県

●現表口（平成17(2005)年撮影）
平成16(2004)年9月に橋上駅舎に改築された。こちらは西口でかつての駅裏だった側だが、大きな道路が通り、住宅や商業施設等が密集していてにぎわっている。

●旧表口（平成14(2002)年撮影）
大正13(1924)年2月開業時の駅舎で現在の東口にあたる。周辺は住宅街で古い建物も残る。駅名となった寺院「紀三井寺」はこちら側。

京田辺駅
片町線・京都府

●現表口（平成25(2013)年撮影）
平成14(2002)年2月に橋上駅舎に改築。駅裏だったこの東口周辺も開発が進み、隣接するショッピングモールへ直結したことで現在は表口のようになっている。

●旧表口（昭和63(1988)年撮影）
当時の駅名は「田辺」。駅舎があったのは現在の西口にあたる。駅前には古くから市街地が形成されていたが、駅裏は昭和60(1985)年ごろまではほぼ田園地帯だった。

山城多賀駅
奈良線・京都府

●現表口（平成14(2002)年撮影）
平成13(2001)年3月に橋上化されこの東口が開設された。ただし古くから市街が形成されていたのは東口周辺である。

現在の西口

●旧表口（平成5(1993)年撮影）
昭和30(1955)年7月開業時の駅舎。ブロック造りのたいへん簡素なものだった。現在の西口にあたり、最近ロータリーができたが駅前は今でも田園地帯である。

城陽駅
奈良線・京都府

●現表口（平成28(2016)年撮影）
平成3(1991)年5月に橋上駅舎に改築。新設された東口は現在はマンションが建ち並んでいるが、以前は田園だった。

現在の西口

●旧表口（平成元(1989)年撮影）
昭和33(1958)年7月開業時の駅舎。現在の西口にあたる。周辺は広範囲に市街地が形成されていたが、駅舎はたいへん簡素でホームも片面のみの棒線駅だった。

神野駅
加古川線・兵庫県

●現表口（令和5(2023)年撮影）
平成22(2010)年10月に新設された北口。かつての駅裏だが以前から住宅や商店が多かった。南口に代わりこの北口に駅員が配置され「みどりの窓口」も設置された。

●旧表口（平成17(2005)年撮影）
昭和23(1948)年3月改築の駅舎で現在の南口にあたる。北口駅舎の使用開始と同時に改築が始まり平成23(2011)年3月に新駅舎が完成した。

現在の南口（平成23(2011)年撮影）

生野駅
播但線・兵庫県

●現表口 (平成22(2010)年撮影)
かつての駅裏だが駅前が整備され平成21(2009)年4月にこの西口駅舎を新設。「観光情報センター」が併設され観光パンフや生野銀山関連の資料が展示されている。

●旧表口 (平成22(2010)年撮影)
東口駅舎。昭和35(1960)年7月改築。かつての表口で学校や病院などのある市街地はこちら側。西口駅舎ができたのと引換えに無人化された。

可部駅
可部線・広島県

●現表口 (平成29(2017)年撮影)
西口。駅前は平成19(2007)年12月に完成したバスターミナルになっている。駅前に立派な国道が通り、まるでこちらが表口のように思える。

●旧表口 (平成29(2017)年撮影)
旧来からある東口で駅舎は昭和25(1950)年4月改築。市街地はこちら側にあり、駅前の駐輪場には多くの自転車・バイクが停められ利用客の多さがうかがえる。

昭和町駅
高徳線・香川県

●現表口 (平成27(2015)年撮影)
ホームが延長され出入口がホームの高松方の端に移動した。以前の階段は現在はホームの下に隠れている。

●旧表口 (昭和62(1987)年撮影)
開業初年度。当時は現在とは真逆の徳島方に出入口があった。ホームへは階段で入るようになっていた。

日和佐駅
牟岐線・徳島県

●現表口 (平成17(2005)年撮影)
平成17(2005)年4月にかつての駅裏に「道の駅ひわさ」がオープンした。物産館・産直館・足湯がある。物産館の一角で駅の乗車券を売っている。

●旧表口 (平成17(2005)年撮影)
東口。駅舎は昭和14(1939)年12月開業時のものをリニューアルしたもの。駅裏の道の駅で乗車券を販売するようになったため、この東口は無人となった。

酒殿駅
香椎線・福岡県

●現表口（平成26(2014)年撮影）
巨大なショッピングモールができたため平成18(2006)年4月にこの西口が設置された。周辺の開発も更に進み駅前広場も整備され、今ではこの西口が表口といえる。

●旧表口（平成26(2014)年撮影）
もともと駅舎があったのはこの東口だった。旧駅舎が平成5(1993)年5月に焼失したためこのような簡素なものになった。

新水前寺駅
豊肥本線・熊本県

●現表口（平成23(2011)年撮影）
平成23(2011)年4月に橋上駅舎になった。市電との結節事業により、線路が敷き直され平成20(2008)年7月より駅舎とホームが線路の南側に移動した。

●旧表口（平成2(1990)年撮影）
昭和63(1988)年3月に水前寺公園の最寄り駅として開業。線路の北側に小さな駅舎があり、お菓子や土産物も販売していた。

肥後大津駅
豊肥本線・熊本県

●現表口（平成23(2011)年撮影）
平成23(2011)年10月に完成した南口。ビジターセンターがあり、熊本空港への連絡バスも発着する。周辺もホテルやデパートなどが建ち開発が進んでいる。

●旧表口（平成23(2011)年撮影）
開業は大正3(1914)年6月。南口が開設されてからは北口という扱いになった。古くからの市街地は北側にあり、昭和50(1975)年ごろまで南側に民家は少なかった。

暘谷駅
日豊本線・大分県

●現表口（平成28(2016)年撮影）
地元の高校が移転した跡地にショッピングモールやビジネスホテルが建設され、平成28(2016)年4月に線路の北側に新しい駅舎が造られた。

●旧表口（平成15(2003)年撮影）
以前はホームの大分方の端、線路の南側に小さな駅舎があった。上りホームには改札がなくフリーで入れた。新駅舎に移転後、この駅舎は撤去された。

解体

現在、ローカル駅では古い駅舎が残っていてもそのほとんどが改築対象となっている。駅舎の機能を最小限にする、または管理を自治体にまかせて鉄道会社側の駅舎の維持費を減らそうという考えだ。

多くの場合、大小の差はあれ代わりの駅舎が建てられるものだが、まれに解体されてそのままという場合もある。駅舎が無くなるとどうなるのか、見てみよう。

湯谷温泉駅
飯田線・愛知県

●現駅舎（令和5(2023)年撮影）
旧駅舎は老朽化のため令和元(2019)年7月に解体された。残念ながら新駅舎は建設されなかった。

●旧駅舎（平成21(2009)年撮影）
大正12(1923)年2月開業時の駅舎。飯田線の前身である鳳来寺鉄道が直営の旅館として開業した。

鳥居駅
飯田線・愛知県

●現駅舎（平成17(2005)年撮影）
平成8(1996)年12月に旧駅舎が解体されたが、新駅舎は造られず、ホーム上に小さな待合室が造られた。

●旧駅舎（平成7(1995)年撮影）
大正12(1923)年2月開業時のものと思われる。妻面が入口だったためちょっと変わった形状という印象だった。

西幡豆駅
名古屋鉄道・愛知県

●現駅舎（令和5(2023)年撮影）
旧駅舎跡地にはトイレが造られた。券売機が無くなった代わりにホーム上に整理券発行機が設置された。

●旧駅舎（令和3(2021)年撮影）
昭和35(1960)年築の駅舎。老朽化のため令和3(2021)年10月にお別れイベントが開催された後、解体された。

新堂駅
関西本線・三重県

●現駅舎（令和3(2021)年撮影）
旧駅舎は老朽化のため令和2(2020)年6月に惜しまれつつ解体された。跡地は更地になっている。

●旧駅舎（平成23(2011)年撮影）
平成14(2002)年7月にホーム上に窓口が造られたため、この旧駅舎はお役御免となったが、長い間解体されずそのまま建ち続けていた。

須波駅
呉線・広島県

●現駅舎（平成31(2019)年撮影）
木造駅舎は平成30(2018)年11月に解体されて更地になり、ホームへの階段が露わになった。

●旧駅舎（平成9(1997)年撮影）
昭和5(1930)年3月開業時の木造駅舎で、下り線側にあった。現在の南口にあたる。

西三次駅
芸備線・広島県

●現駅舎（令和3(2021)年撮影）
木造駅舎は老朽化のため令和3(2021)年2月に解体された。新駅舎は建てられず跡地は空き地になっている。

●旧駅舎（平成10(1998)年撮影）
大正4(1915)年6月開業時の駅舎。開業時は「三次駅」を名乗っていただけあって立派な駅舎だった。

後藤駅
境線・鳥取県

●現駅舎（平成26(2014)年撮影）
平成21(2009)年ごろに駅舎は撤去され、簡素なゲートだけになった。しかし今でも買い物客や学生で本駅舎よりもこちらの方がはるかに利用客数は多い。

●旧駅舎（平成20(2008)年撮影）
立派な本駅舎に対して、たいへん簡素だった北口。駅前にショッピングモールがあることから民営化後に地元の要望により設置されたという。

五十猛駅
山陰本線・島根県

●現駅舎（平成14(2002)年撮影）
駅舎は撤去され更地となり、築堤上にあるホームへ続くトンネルが口を開けている。

●旧駅舎（平成元(1989)年撮影）
開業は大正6(1917)年5月。駅舎の建築年は不明だが、平成4(1992)年ごろまでは駅舎は残っていた。

屋島登山口駅

屋島ケーブル・香川県

●現駅舎（平成27(2015)年撮影）

駅舎は平成26(2014)年8月に解体され、跡地に地元自治会の会館が建設された。しかしホームは残され車両も再塗装され保存されている。

●旧駅舎（平成23(2011)年撮影）

屋島ケーブルの地上側の駅。経営不振のため平成16(2004)年10月に休止となったが、その後も駅舎はそのまま残されていた。

喜多灘駅

予讃線・愛媛県

●現駅舎（平成14(2002)年撮影）

旧駅舎は完全に撤去され、跡地には小さなトイレが設置された。

●旧駅舎（昭和59(1984)年撮影）

昭和10(1935)年10月開業時の駅舎。たいへん狭い場所に建っていたため、妻面を出入口にしていた。

土佐岩原駅

土讃線・高知県

●現駅舎（令和5(2023)年撮影）

令和3(2021)年10月ごろに駅舎が解体された。跡地はアスファルトの更地になった。

●旧駅舎（平成4(1992)年撮影）

昭和61(1986)年12月に大豊町農協の全額負担により改築された駅舎。農協事務所が同居していた。

駒鳴駅

筑肥線・佐賀県

●現駅舎（平成18(2006)年撮影）

平成16(2004)年夏に駅舎は解体され、ホームのみになった。しばらくして駅舎跡地に駐輪場が造られた。

●旧駅舎（平成10(1998)年撮影）

昭和16(1941)年改築の駅舎。かなり痛みが激しく、いつ解体されてもおかしくない状況だった。

被災

不幸にも地震・火災・台風など、災害により駅舎が使えなくなり改築を余儀無くされる場合もある。

近年は甚大な災害が頻発しており、そのたびに鉄道に被害が出ているものの、ローカル鉄道においては経営難により簡単に復旧できないという事態になっている。

それだけに再建された駅舎には、並々ならぬ愛情が感じられるのである。

有家駅
八戸線・岩手県

●現駅舎（平成25(2013)年撮影）
東日本大震災により発生した津波で被災。線路やホームの復旧とともに待合室も平成23(2011)年12月に造り直された。営業再開は平成24(2012)年3月。

●旧駅舎（平成16(2004)年撮影）
昭和36(1961)年12月開業。当初から無人駅で、ホーム上に待合室があるだけだった。

陸中山田駅
三陸鉄道・岩手県

●現駅舎（令和3(2021)年撮影）
鉄道の復旧とともに駅舎も再建され平成31(2019)年3月に使用開始された。山田湾にある「オランダ島」にちなんでオランダの風車をイメージしている。

●旧駅舎（平成9(1997)年撮影）
昭和36(1961)年改築のコンクリートの駅舎。東日本大地震により発生した火災のため駅舎は焼失してしまった。

大槌駅
三陸鉄道・岩手県

●現駅舎（令和3(2021)年撮影）
鉄道の復旧とともに駅舎を再建、平成31(2019)年3月に営業が再開された。ひょうたん型の屋根は大槌湾に浮かぶ「ひょうたん島（蓬莱島）」をイメージしている。

●旧駅舎（平成9(1997)年撮影）
昭和13(1938)年4月開業時の大きく立派な木造駅舎でタクシーが常駐していた。東日本大地震により発生した大津波により駅舎が流失した。

下船渡駅
大船渡線・岩手県

●現駅舎（平成25(2013)年9月撮影）
BRT化のため駅舎の改修が行われた。平成25(2013)年9月にBRT専用道が完成し、改修された旧駅舎が使用開始。駅舎内にトイレが設置された。

●旧駅舎（平成元(1989)年撮影）
昭和9(1934)年9月開業時のものと思われるが、事務室部分が解体されコンパクト化されていた。東日本大震災では津波により浸水したものの運良く流失は免れた。

陸前高田駅

大船渡線・岩手県

●旧駅舎（平成25(2013)年撮影）

市役所が約2キロ内陸の高台に仮庁舎として移転。平成25(2013)年3月、大船渡線がBRTとして仮復旧し、仮庁舎のあるこの場所にBRT陸前高田駅が設置された。

●旧駅舎（平成17(2005)年撮影）

昭和8(1933)年12月開業時の駅舎。東日本大震災により発生した大津波により駅舎をはじめ周辺一帯が流失してしまった。

●現駅舎（平成30(2018)年撮影）

平成30(2018)年4月1日に新しい中心市街地に移転し、鉄道時代のものを模した新駅舎が使用開始された。BRT専用駅だがみどりの窓口が設置されている。

●旧駅舎（平成29(2017)年撮影）

仮庁舎付近の復興も進み、平成27(2015)年3月に土地整備の終わった西側に50メートルほど移転し、この丸い駅舎が設置された。

陸中折居駅

東北本線・岩手県

●現駅舎（平成24(2012)年撮影）

平成23(2011)年12月改築。デザインコンセプトは「自然との調和」。事務室や用具室がなくトイレも別棟のため、そのぶん待合室が広い。

●旧駅舎（平成16(2004)年撮影）

昭和3(1928)年11月開業時の駅舎。平成23(2011)年4月7日の東日本大震災の余震(M7.1)により一部損壊。すでに老朽化していたこともあり、新しい駅舎に改築された。

夜ノ森駅

常磐線・福島県

●現駅舎（令和3(2021)年撮影）

窓口のない橋上駅舎に改築され、令和2(2020)年3月に営業再開。そして令和2(2020)年11月に旧駅舎を模した待合室が建てられた。

●旧駅舎（平成15(2003)年撮影）

大正10(1921)年3月開業時の駅舎。原発事故により周辺が帰還困難区域内に指定され立入禁止に。駅舎は老朽化と除染のため平成31(2019)年1月に解体された。

志津川駅
気仙沼線・宮城県

●旧駅舎（平成18(2006)年撮影）
被災前には駅前にも多くの住宅やスーパーがあったが、そのほとんどが流失するなど周辺一帯が大きな被害を受けた。

●旧駅舎（平成18(2006)年撮影）
昭和52(1977)年12月開業時の駅舎。南三陸町の中心で駅前に住宅や商店が多くタクシーも常駐していた。平成23(2011)年3月11日の東日本大地震により駅舎が流失した。

●旧駅舎（平成25(2013)年撮影）
平成24(2012)年12月に利用客の利便性をはかり旧駅跡から約1キロ北の「南三陸さんさん商店街」のある場所に駅を移転、窓口やトイレのある駅舎が設置された。

●旧駅舎（平成24(2012)年撮影）
平成24(2012)年8月にBRTで復旧。震災前の駅があった場所にプレハブの簡易な待合室が設置された。国道から離れていたがバスは駅前までやってきていた。

●現駅舎（令和4(2022)年撮影）
令和4(2022)年10月1日に「道の駅さんさん南三陸」の再移転オープンにともない、北に約300メートルの道の駅震災伝承館「南三陸311メモリアル」内に移転した。

●旧駅舎（平成29(2017)年撮影）
平成29(2017)年3月に「南三陸さんさん商店街」の移転にともない、駅も約1.3キロ南東の商店街のそばに移転した。駅舎内には窓口があり、きっぷを販売していた。

陸前大塚駅
仙石線・宮城県

●現駅舎（平成27(2015)年撮影）
震災により休止となったが平成27(2015)年5月に新駅舎で営業を再開。復旧時に防潮堤がかさ上げされ海は眺めづらくなった。

●旧駅舎（平成18(2006)年撮影）
ホームの目前にすばらしい松島湾の眺めがひろがっていた。震災により被災し、駅舎は平成26(2014)年11月に解体された。

荒浜駅
越後線・新潟県

●現駅舎（平成20(2008)年撮影）
プレハブの仮駅舎を経て平成20(2008)年3月に駅舎が再建された。締め切りのできる待合室とトイレから成っている。ホームも補修された。

●旧駅舎（平成17(2005)年撮影）
昭和59(1984)年3月改築の簡易駅舎。平成19(2007)年7月に発生した中越沖地震により駅舎が傾いたりホームが崩れるなどしたため使用不能になった。

塚山駅
信越本線・新潟県

●現駅舎（平成20(2008)年撮影）
平成17(2005)年12月使用開始（財産票は平成18(2006)年2月）。和風の外観で待合室はエアコン付き、座席は畳敷になっている。

●旧駅舎（平成17(2005)年撮影）
昭和23(1948)年10月改築。平成16(2004)年10月に発生した新潟県中越地震により建物の一部に被害を受け、また老朽化もしていたため改築されることになった。

六甲道駅
東海道本線・兵庫県

●現駅舎（平成14(2002)年撮影）
壊れなかった床と梁をジャッキで持ち上げるという工法を用い、懸命な復旧作業により震災からわずか74日後の平成7(1995)年4月1日に運行を再開させた。

●旧駅舎（昭和59(1984)年撮影）
平成7(1995)年1月の阪神大震災により駅舎もろとも高架が崩れるという壊滅的な被害を受けた。当初、再建には2年かかるといわれていた。

遠賀川駅
鹿児島本線・福岡県

●現駅舎（令和4(2022)年撮影）
令和3(2021)年7月に半橋上駅舎に改築された。旧駅舎は現駅舎の右側にあった。将来的に旧駅舎跡に3階建ての交流センターが建設される計画になっている。

●旧駅舎（昭和63(1988)年撮影）
昭和22(1947)年12月建築で民営化直前の昭和62(1987)年3月にリニューアルされた。平成29(2017)年8月に火災で使用不能になり、同年12月に仮駅舎になった。

木葉駅
鹿児島本線・熊本県

●現駅舎（平成21(2009)年撮影）
平成20(2008)年4月に合築駅舎「交流サロンこのは」が再建された。内部には町の資料が展示されている。

●旧駅舎（平成18(2006)年撮影）
平成9(1997)年3月に旧駅舎が放火で焼失、以来仮駅舎としてこの小さな小屋できっぷを販売していた。

赤水駅
豊肥本線・熊本県

●現駅舎（令和2(2020)年撮影）
地震により鉄道も運休となっていた中で令和2(2020)年3月に簡易な駅舎が再建された。同年8月に運転再開し駅舎も使用開始となった。

●旧駅舎（平成15(2003)年撮影）
昭和13(1938)年4月改築。平成28(2016)年4月に発生した熊本大地震により駅舎が損傷を受け、同年10月に解体された。

内牧駅
豊肥本線・熊本県

●現駅舎（令和2(2020)年撮影）
鉄道が運休中の令和2(2020)年3月に再建された。令和2(2020)年8月に運転再開し、同時にこの駅舎も使用開始となった。

●旧駅舎（昭和61(1986)年撮影）
昭和20(1945)年の空襲により駅舎が焼失し、昭和25(1950)年に再建された駅舎。平成28(2016)年4月の熊本大地震により損傷を受け、同年11月に解体された。

小内海駅
日南線・宮崎県

●現駅舎（令和4(2022)年撮影）
令和3(2021)年9月に発生した台風14号により駅が土砂崩れの直撃を受けた。懸命な復旧作業により階段やホームが造り直され、同年12月に営業を再開した。

●旧駅舎（平成16(2004)年撮影）
山の斜面にある棒線駅で、昭和38(1963)年5月の開業時から無人駅。海に近い国道から階段を上ったところにホームがある。

改称

駅名改称にはさまざまな理由がある。地元観光地のアピール、駅名と地名の違いの修正などが主である。

駅名の改称には費用が数千万円かかるという。そこで近隣の新駅開業や、駅舎改築と抱き合わせて駅名を改称する場合が多い。こうするといくらか費用が抑えられる。そんな背景も踏まえながら駅名改称を見ていくとおもしろい。

知床斜里駅

釧網本線・北海道

斜里⇩知床斜里

●改称後

（平成11(1999)年撮影）

知床観光の下車駅ということをアピールするため平成10(1998)年4月に「知床斜里」に改称された。

●改称前

（平成2(1990)年撮影）

駅舎は昭和46(1971)年7月改築。「斜里郡斜里町」に所在することからの駅名。

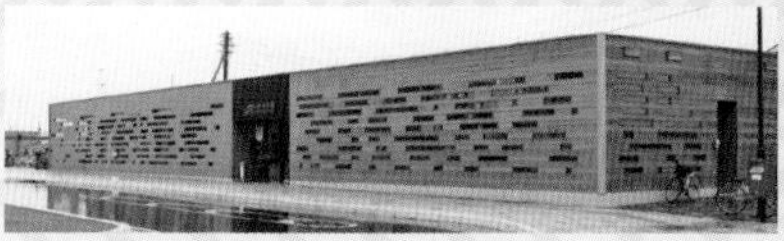

平成19(2007)年12月に外装が一新され、観光案内センターが併設された。(平成23(2011)年5月撮影)

相内駅

石北本線・北海道

相ノ内⇩相内

●改称後

（平成16(2004)年撮影）

平成9(1997)年4月に地名に合わせて「相内」に改称した。同時に隣の駅も「東相ノ内」から「東相内」に改称している。ちなみに近くにある郵便局名は「相ノ内」、小・中学校名は「相内」である。

●改称前

（平成2(1990)年撮影）

本来の地名は「相ノ内」で、昭和31(1956)年に北見市に編入された時に「相内」となったが駅名は「相ノ内」のままだった。駅舎は昭和63(1988)年12月改築。

南千歳駅

千歳線・北海道

千歳空港⇩南千歳

●改称後

（平成8(1996)年撮影）

平成4(1992)年7月に新千歳空港駅が開業したため「南千歳」に改称した。空港連絡駅だった当時ほどのにぎわいは無くなったが、アウトレットモールが造られるなど周辺の開発が進んでいる。

●改称前

（昭和60(1985)年撮影）

千歳空港の連絡駅として昭和55（1980）年10月に「千歳空港」という駅名で開業。空港ターミナルビルへ約400メートルの通路で直結し、旅行客でたいへんなにぎわいをみせた。

三厩駅

津軽線・青森県

みうまや ⇩ みんまや

●改称後

(平成12(2000)年撮影)

平成3(1991)年3月16日、村名に合わせて「みんまや」に改称した。駅舎入口の駅名にも「みんまや」とふりがながふってある。ちなみに「三厩村」は平成17(2005)年3月に合併により外ケ浜町になった。

●改称前

(昭和63(1988)年撮影)

もともと地名は「みんまや」だが、駅を設置する時、利用客が読みやすいようにと「みうまや」にしたといわれている。

駅舎は昭和33(1958)年10月開業時のもの。

大鰐温泉駅

奥羽本線・青森県

大鰐 ⇩ 大鰐温泉

●改称後

(平成19(2007)年撮影)

平成3(1991)年3月に温泉をアピールするため「大鰐温泉」に改称した。駅舎は昭和34(1959)年2月改築。

弘南鉄道については「大鰐駅」のまま改称していない。

●改称前

(昭和60(1985)年撮影)

昔、大きな阿弥陀如来像があることから「大阿弥陀」と呼ばれていたものが転化して「大鰐」になったという。駅周辺一帯が温泉街になっている。また、弘南鉄道大鰐線が接続している。

鷹巣駅

秋田内陸縦貫鉄道・秋田県

鷹ノ巣 ⇩ 鷹巣

●改称後

(令和3(2021)年撮影)

昭和61(1986)年11月に阿仁合線が秋田内陸縦貫鉄道に移管。同鉄道が全線開業した平成元(1989)年4月に駅名を地名に合わせた「鷹巣」に改称した。ちなみにJRの駅名は「鷹ノ巣」のままである。

●改称前

(昭和61(1986)年撮影)

明治33(1900)年10月に官設鉄道の「鷹ノ巣」として開業。昭和9(1934)年12月に阿仁合線が開通した。駅名標の所在地表記が「鷹ノ巣町」になっているが正しくは「鷹巣町」である。

鹿角花輪駅

花輪線・秋田県

陸中花輪⇩鹿角花輪

●改称後

(平成19(2007)年撮影)

平成7(1995)年12月に鹿角市をアピールするために「鹿角花輪」に改称した。昭和14(1939)年4月改築の大きな木造駅舎で、以前はKIOSK・駅ソバ店があったが、現在はどちらも撤退している。

●改称前

(平成6(1994)年撮影)

大正12(1923)年11月の開業時は「鹿角郡花輪町」に所在していたことから「陸中花輪」となった。昭和47(1972)年4月に3町1村が合併し「鹿角市」となったが、駅名はそのままだった。

湯瀬温泉駅

花輪線・秋田県

湯瀬⇩湯瀬温泉

●改称後

(平成19(2007)年撮影)

平成7(1995)年12月に温泉地であることをアピールするために「湯瀬温泉」に改称した。温泉街へも近く送迎も駅までやってくるが、現在は列車で訪れる客は少ない。

●改称前

(昭和60(1985)年撮影)

昭和6(1931)年10月開業時の駅舎。開業以来「湯瀬」という駅名だった。温泉街へは徒歩3分ほどと近く、近代的なホテルもある。夕方になると温泉宿からの送迎がやってくる。

二戸駅

IGRいわて銀河鉄道・岩手県

北福岡⇩二戸

●改称後

(平成6(1994)年撮影)

昭和62(1987)年2月に所在地名に合わせて「二戸」に改称した。

平成14(2002)年12月の新幹線・二戸駅開業に合わせて駅舎を改築、同時に在来線は「IGRいわて銀河鉄道」に移管された。

(平成30(2018)年撮影)

●改称前

(昭和59(1984)年撮影)

明治24(1891)年12月に所在地の二戸郡福岡町から「福岡」として開業。しかし富山県に同名の駅があったことから、大正10(1921)年6月に「北福岡駅」に改称した。昭和47(1972)年4月に福岡町は二戸市になった。駅舎は昭和23(1948)年12月改築。

鳴子温泉駅

陸羽東線・宮城県

鳴子 ⇩ 鳴子温泉

●改称後

(平成19(2007)年撮影)

平成9(1997)年3月に温泉地のアピールのために「鳴子温泉」に改称。同時に読みを町名にあわせて濁点を取り「なるこおんせん」にしている。周辺に多くの温泉旅館・ホテルがある。平成16(2004)年3月20日には駅舎前に足湯ができた。

●改称前

(平成9(1997)年撮影)

大正4(1915)年4月の開業以来、「鳴子(なるご)」という駅名だった。しかし所在していた町名は「玉造郡鳴子町」で読みは「なるこちょう」と、地名と駅名で読みが異なっていた。駅舎は平成3(1991)年12月に改築されたもの。

鳴子御殿湯駅

陸羽東線・宮城県

東鳴子 ⇩ 鳴子御殿湯

●改称後

(平成19(2007)年撮影)

平成9(1997)年3月に改称され、鳴子温泉駅と同じ理由で「なるご」から濁点が取れて「なるこ」となった。駅舎は平成16(2004)年9月改築で、歴史のある温泉場であることから地元産の木材を使用して造られた。

●改称前

(平成9(1997)年撮影)

昭和27(1952)年1月開業時の駅舎だった。旧駅名は「ひがしなるご」で鳴子温泉駅と同じ経緯で「なるご」と濁点が付いていた。駅舎改築のため、この駅舎は平成16(2004)年6月に解体された。

仙台貨物ターミナル駅

東北貨物線・宮城県

宮城野 ⇩ 仙台貨物ターミナル

●改称後

(平成29(2017)年撮影)

一般にも駅の位置がイメージしやすいようにと平成23(2011)年3月に「仙台貨物ターミナル」に改称した。同じ理由で同日に「梅小路」→「京都貨物」など全国8か所の貨物駅が一斉に駅名改称している。

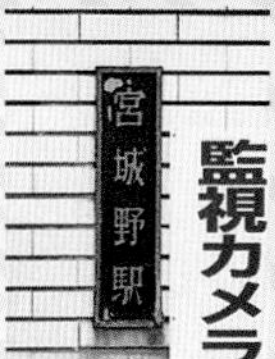

●改称前

(平成18(2006)年撮影)

東北本線長町駅から分岐し、東仙台駅に至る貨物線の途中にある貨物駅。読みは「みやぎの」。昭和36(1961)年6月に開業し、駅舎は開業時のもの。

十王駅
常磐線・茨城県

川尻⇩十王

●改称後
（平成18(2006)年撮影）

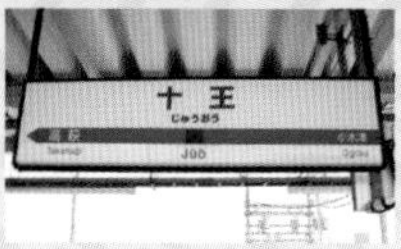

平成16(2004)年3月に町名に合わせて駅名を「十王」に改称した。駅舎は平成17(2005)年3月に築堤にトンネルで自由通路を造り、その途中に改札を設ける半地下駅に改築された。「十王町」は平成16(2004)年11月に日立市と合併している。

●改称前
（平成15(2003)年撮影）

旧駅名は「川尻」だったが、所在地は「多賀郡十王町」だった。しかし「川尻」という地名は十王町には無く、隣の日立市に属していた。旧駅舎は築堤上にあった。

沢入駅
わたらせ渓谷鐵道・群馬県

そおり⇩そうり

●改称後
（平成19(2007)年撮影）

平成元(1989)年3月の3セク化と同時に地名に合わせて駅名が「そうり」に改称された。駅舎も簡易郵便局を併設したログハウス風のものに改築された。

●改称前
（昭和62(1987)年撮影）

JR足尾線当時の駅名は「そおり」だった。建築年は不明だが古い木造の駅舎だった。開業は大正元(1912)年11月。

神戸駅
わたらせ渓谷鐵道・群馬県

神土⇩神戸

●改称後
（平成19(2007)年撮影）

平成元(1989)年3月の3セク化時に地名に合わせて「神戸」に改称した。駅舎はJR当時のものをそのまま使用しているが、駅名看板に修正された跡が見て取れる。

●改称前
（昭和62(1987)年撮影）

JR足尾線当時の駅名は「神土」だった。地名は「神戸（ごうど）」だが、東海道本線の「神戸（こうべ）」との混同を避け「神土」とした。駅舎は大正元(1912)年9月開業時のもの。

真岡駅

真岡鐵道・栃木県

もうか ⇩ もおか

●改称後

(平成23(2011)年撮影)

昭和63(1988)年4月の真岡鐵道への移管時に市名に合わせて「もおか」に改称した。SL型の巨大な駅舎は平成9(1997)年3月改築。線内でSLを運行していることからこのような駅舎が建てられた。

●改称前

(昭和62(1987)年撮影)

当時はJR真岡線だった。真岡市の代表駅。市名は「もおか」だが駅名は「もうか」だった。ちなみに隣の「北真岡」も同様。駅舎は昭和42(1967)年3月改築のコンクリート造り。

上越妙高駅

えちごトキめき鉄道・新潟県

脇野田 ⇩ 上越妙高

●改称後

(平成27(2015)年撮影)

平成27(2015)年3月14日に北陸新幹線が開業し「上越妙高」に駅名改称した。同時に在来線も3セク化し同様に駅名改称。現在の駅舎が「脇野田」を名乗ったのは移転から新幹線開業までのわずか半年ほどだった。

●改称前

(平成26(2014)年撮影)

当時はJR信越本線に属し駅名は「脇野田」だった。平成27(2015)年3月に開業する北陸新幹線・上越妙高駅との接続駅にするために、旧駅を新幹線駅舎のそばに移転し平成26(2014)年10月19日にオープンした。

勝沼ぶどう郷駅

中央本線・山梨県

勝沼 ⇩ 勝沼ぶどう郷

●改称後

(平成30(2018)年撮影)

平成5(1993)年4月に「勝沼ぶどう郷」に改称した。周辺にぶどう畑が多く「ぶどう郷」と呼ばれていることからの命名。駅の近くに旧線である大日影トンネル、スイッチバック時代の旧ホームがある。

●改称前

(平成2(1990)年撮影)

旧駅名は「勝沼」。現在の所在地名は「甲州市」だが合併前は「東山梨郡勝沼町」だった。駅舎は昭和55(1980)年10月改築で喫茶やワインショップを併設。以前はスイッチバックの駅だったことでも有名。

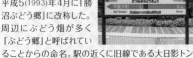

能美根上駅

北陸本線・石川県

寺井⇩能美根上

●改称後

(平成27(2015)年撮影)

平成27(2015)年3月に「能美根上」に改称し、駅舎にも駅名が表示された。平成17(2005)年2月に寺井町・根上町・辰口町が合併して誕生した能美市(のみし)の代表駅。市役所は旧・寺井町役場に置かれている。

●改称前

(平成26(2014)年撮影)

旧駅名は「寺井」。しかし駅の位置は旧・寺井町にはなく、旧・根上町の役場近くにある。駅舎は平成26(2014)年3月改築の橋上駅舎。翌年に駅名が変更されることが決まっていたため、駅舎には駅名が書かれていなかった。

赤十字前駅

福井鉄道・福井県

福井新⇩赤十字前

●改称後

(平成22(2010)年撮影)

平成22(2010)年3月に「赤十字前」に改称した。駅名のもととなった福井赤十字病院は西に約300メートル。駅舎に入っていた福鉄観光社の福井営業所は現在は撤退している。

●改称前

(平成18(2006)年撮影)

旧駅名は「福井新」。駅舎は昭和59(1984)年12月改築で福鉄観光社の福井営業所が入っていた。古くから福井の市街地にあり、留置線のある線内でも重要度の高い駅である。

おごと温泉駅

湖西線・滋賀県

雄琴⇩おごと温泉

●改称後

(平成21(2009)年撮影)

地元観光協会が温泉地であることをアピールするためにJRに要望して平成20(2008)年3月に改称。改称と同時に駅前に足湯もオープンした。温泉街へは約1キロ。駅前からバス・タクシーで。

●改称前

(平成7(1995)年撮影)

旧駅名は「雄琴」。昭和49(1974)年7月に開業した当初から高架駅だった。約1200年前に最澄によって開湯したといわれる由緒ある温泉地だが、知名度は高くなかった。

寝屋川公園駅

片町線・大阪府

東寝屋川 ⇩ 寝屋川公園

●改称後

（平成31(2019)年撮影）

平成31(2019)年3月に駅名が「寝屋川公園」に改称された。駅名となった寝屋川公園は、西口から約400メートル。町のイメージアップと若い世代を呼び込みたいという考えで改称したということだ。

●改称前

（平成30(2018)年撮影）

昭和54(1979)年10月に「東寝屋川」として開業。駅舎も開業時のもので、切り通しを覆うように造られている。市役所に近い京阪・寝屋川市駅とは約3.5キロ離れている。

新今宮駅前駅

阪堺電気軌道・大阪府

南霞町 ⇩ 新今宮駅前

●改称後

（平成27(2015)年撮影）

平成26(2014)年12月に「新今宮駅前」に改称。旧駅名の「南霞町」のもととなった「霞町」という地名はすでに消滅していることと、JR新今宮駅との乗り換え駅であることをアピールするために改称した。

●改称前

（平成18(2006)年撮影）

明治44(1911)年12月の開業時から「南霞町」という駅名だった。現在では「JR新今宮」「地下鉄動物園前」の各駅がすぐそばにあるが、そのなかでいちばん開業が早かったのはこの「南霞町」である。

百済貨物ターミナル駅

関西本線貨物線・大阪府

百済 ⇩ 百済貨物ターミナル

●改称後

（平成25(2013)年撮影）

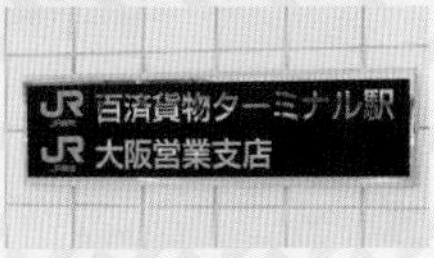

平成25(2013)年3月に梅田貨物駅の貨物列車の扱いが終了し、その代替となる「百済駅」は現駅名の「百済貨物ターミナル駅」に改称した。駅前に陸橋が設けられ、駅構内を眺められるようになっている。

●改称前（平成23(2011)年撮影）

昭和38(1963)年10月に「百済（くだら）貨物駅」として開業。4階建ての駅舎は、梅田貨物駅の機能移転のため平成22(2010)年9月ごろ建てられた。地名はかつてこの地に中国や朝鮮からの渡来人が住みつき「百済野」と呼ばれていたことに由来する。

西宮駅
東海道本線・兵庫県

西ノ宮 ⇩ 西宮

●改称後
（平成19(2007)年撮影）

西宮市は以前から駅名を市名に合わせたものに改称する要望を出しており、平成19(2007)年3月にようやく「ノ」を外し「西宮」への改称が実現した。同日に「さくら夙川」が開業しており、いちどに複数の変更をすることで費用を減らしている。

●改称前
（平成11(1999)年撮影）

旧駅名は「西ノ宮」。明治7(1874)年5月の開業以来この駅名だった。地名はもとより「西宮」だったが、読み間違えないようにと「西ノ宮」にしたといわれる。駅舎は平成10(1998)年2月改築。

日吉駅
山陰本線・京都府

殿田 ⇩ 日吉

●改称後
（平成16(2004)年撮影）

平成8(1996)年3月に町の名前に合わせて「日吉」に改称した。駅舎は平成11(1999)年10月に改築された交流センターとの合築駅舎。「船井郡日吉町」は平成18(2006)年1月に合併により「南丹市」となった。

●改称前
（平成8(1996)年撮影）

旧駅名は「殿田」。駅舎の建築年は不明だが、形状から明治43(1910)年開業時のものだったのかも知れない。古くから舟運で栄え、鉄道が開通してからはマンガンや木材の積み出し駅として賑わった。

コウノトリの郷駅
京都丹後鉄道・兵庫県

但馬三江 ⇩ コウノトリの郷

●改称後
（令和2(2020)年撮影）

平成27(2015)年4月に京都丹後鉄道に移管し、駅の東約1.5キロのところに「コウノトリの郷公園」があることから駅名を「コウノトリの郷」に改称した。令和2(2020)年11月に駅舎内にカフェがオープンした。

●改称前
（昭和63(1988)年撮影）

旧駅名は「但馬三江」で、JR宮津線の駅だった。駅舎は昭和4(1929)年12月の開業時のものだが、平成22(2010)年2月にきれいに改修されている。「但馬」という旧国名を冠する唯一の駅だった。

西脇市駅

加古川線・兵庫県

野村⇩西脇市

平成8(1996)年10月に入口に三角ファサードが付けられた。

●改称後

(平成14(2002)年撮影)

平成2(1990)年4月に鍛冶屋線が廃止されたことにより西脇駅も廃止された。そこで代わりとなる新しい西脇市の代表駅として「西脇市」に改称した。

改称した当初の駅舎

(平成2(1990)年撮影)

●改称前

(昭和63(1988)年撮影)

旧駅名は「野村」。鍛冶屋線の分岐駅で、西脇市の中心・西脇駅に乗り入れる鍛冶屋線への直通列車が多く運転されていた。駅舎はおそらく大正2(1913)年10月開業時のもの。

大篠津町駅

境線・鳥取県

御崎口⇩大篠津町

●改称後

(平成20(2008)年撮影)

米子空港の滑走路延長に伴う御崎口ー中浜間の線路変更で大篠津駅が廃止されることになったが「大篠津」の名を残したいという地元住民の要望により、平成20(2008)年6月に「大篠津町」に駅名が変更された。

●改称前

(平成14(2002)年撮影)

旧駅名は「御崎口」。昭和62(1987)年11月開業で、同日に境線内で当駅を含めて5駅が同時に開業している。開業当初はホームのみだったが、後に木造の待合室が建てられた。

清流新岩国駅

錦川鉄道・山口県

御庄⇩清流新岩国

●改称後

(令和2(2020)年撮影)

平成25(2013)年3月、すぐ近くにある新幹線・新岩国駅との接続をアピールするために「清流新岩国」に改称した。ただし、ホーム上の待合室に掲げられている駅名は「御庄駅」のままになっている。

●改称前

(平成23(2011)年撮影)

昭和35(1960)年11月、国鉄岩日線の「御庄」として開業。昭和62(1987)年7月、錦川鉄道に移管した。駅舎は無いが、ホーム上に廃貨車を改造した待合室が置かれている。

出雲神西駅

山陰本線・島根県

神西⇩出雲大社口⇩出雲神西

●改称前

（平成10(1998)年撮影）

平成5(1993)年3月に「出雲大社口」に改称。平成8(1996)年に待合室を出雲大社を模して新築した。しかし実際は出雲大社へのアクセスが悪く、利用客からの苦情が絶えなかった。

●改称前

（平成元(1989)年撮影）

昭和57(1982)年7月1日開業。開業当初は「神西」という駅名で駅舎は無かった。近くに車両基地があるが、その用地を提供した見返りに設置した駅だといわれている。

●改称後

（平成13(2001)年撮影）

利用者からの苦情を受け、平成11(1999)年3月に駅名を「出雲神西」に改称した。費用は全額出雲市が負担した。「出雲大社口」という駅名はわずか6年間しか存在しなかったことになる。

「出雲大社口」への改称は、平成2(1990)年4月に大社線が廃止されたことを受けて、なんとか駅名に「大社」の名を残したいと思った出雲市が行ったもの。しかし実際は出雲大社までは10キロ近くあり、バスも走っていないし、タクシーも常駐していないという名ばかりの駅名だった。出雲大社の最寄り駅と勘違いして下車した利用客が後を絶たなかった。

現役当時の大社線・大社駅。廃止後は国の重要文化財に指定され保存されている。（令和7(2025)年末まで保存修理中）

（昭和63(1988)年撮影）

みの駅

予讃線・香川県

高瀬大坊⇩みの

●改称後

（令和4(2022)年撮影）

平成6(1994)年12月に当時の町名「三豊郡三野町」にあわせて「みの」に改称された。

所在地は平成18(2006)年1月に合併により「三豊市」となった。

●改称前

（昭和62(1987)年撮影）

旧駅名は「高瀬大坊」。近くにある本門寺を地元の人が「大坊さん」と呼んでいたためにつけられた。

昭和25(1950)年11月に本門寺「大坊市」のための仮駅として開業、昭和27(1952)年1月に正駅になっている。

九州工大前駅

鹿児島本線・福岡県

新中原 ⇩ 九州工大前

●改称後

(平成19(2007)年撮影)

平成2(1990)年11月に「九州工大前」に改称。駅名となった九州工業大学は南に約500メートル。
駅の北側にあった「上戸畑信号場」は昭和59(1984)年2月に廃止され、跡地には複数の企業が進出している。

●改称前

(昭和62(1987)年撮影)

大正8(1919)年2月に「上戸畑信号場」として開業。地元の要望により昭和45(1970)年7月にホームを設置し「新中原」として旅客扱いを開始。所在地名は「中原」だが、すでに長崎本線に同じ駅名があったので「新中原」となった。

城戸南蔵院前駅

篠栗線・福岡県

城戸 ⇩ 城戸南蔵院前

●改称後

(令和4(2022)年撮影)

平成15(2003)年3月に「城戸南蔵院前」に改称。駅名となった全長41メートルの巨大涅槃像がある南蔵院は駅から約500メートル。

●改称前

(平成14(2002)年撮影)

旧駅名は「城戸」。昭和43(1968)年5月開業。当初はいかにもコンクリート造りという駅舎だったが、平成12(2000)年12月に篠栗88ケ所巡礼「南蔵院」の下車駅として和風に改装された。

大野城駅

鹿児島本線・福岡県

白木原 ⇩ 大野城

●改称後

(令和4(2022)年撮影)

平成元(1989)年3月に市名に合わせて「大野城」に改称した。橋上駅舎に改築したのはその1年半後の平成2(1990)年8月。ちなみに約500メートル離れたところにある西鉄の駅は現在も「白木原」である。

●改称前

(昭和63(1988)年撮影)

旧駅名は「白木原」。駅前一帯の古くからの地名である。駅は昭和36(1961)年10月に旅客扱いを開始。昭和47(1972)年4月に市制施行し「筑紫郡大野町」から「大野城市」となったが、駅名はそのままだった。

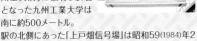

崇城大学前駅

鹿児島本線・熊本県

熊本工大前⇩崇城大学前

●改称後

（平成17(2005)年撮影）

「熊本工業大学」は平成12(2000)年4月に「崇城大学」に名称変更したが、駅名はそのままだった。

約4年後の平成16(2004)年3月にようやく大学の名前に合わせて駅名が「崇城大学前」に改称された。

●改称前

（平成10(1998)年撮影）

昭和63(1988)年3月に熊本工業大学の最寄り駅として「熊本工大前」の駅名で開業。駅前に大学への入口があり、坂を上った高台にキャンパスがひろがっている。

三股駅

日豊本線・宮崎県

東都城⇩三股

●改称後

（平成21(2009)年撮影）

貨物扱いの減少によりコンテナ基地は廃止。それを受けて町で駅名を元に戻すように運動を行い昭和61(1986)年3月に「三股」に改称した。駅舎は平成21(2009)年4月にコミュニティ施設に改修された。

●改称前

（昭和59(1984)年撮影）

大正3(1914)年2月に「三股」として開業。当駅にコンテナ基地を整備する際、全国的に分かりやすいようにと駅名を変えることになり、昭和47(1972)年3月に「東都城」と改称した。

霧島温泉駅

肥薩線・鹿児島県

霧島西口⇩霧島温泉

●改称後

（平成16(2004)年撮影）

平成15(2003)年3月、霧島観光の玄関口ということをアピールするため「霧島温泉」に改称した。駅舎もリニューアルされ、事務室部分には新しく炊事設備が設けられている。

●改称前

（平成14(2002)年撮影）

旧駅名は「霧島西口」で、霧島国立公園の玄関口として昭和37(1962)年1月に町名である「牧園（まきぞの）」から改称した。駅舎は昭和38(1963)年10月改築のコンクリート造り。

仮駅舎

駅めぐりをしていれば、駅に行ったものの、すでに改築が始まっていて仮駅舎になっていたという経験はだれもがしたことがあるだろう。

もう少し早く来ていれば…と残念に思った方も多いはず。もちろん筆者もそういう場面には何度も遭遇している。

最後に、筆者が駅に行ったときすでに仮駅舎になっていてくやしい思いをした駅を紹介する。

弟子屈駅
釧網本線・北海道

●現駅舎（平成11(1999)年撮影）
平成2(1990)年11月に新駅舎が完成、同時に摩周湖などの観光の拠点として駅名を「摩周」に改称した。新駅舎は旧駅舎があった場所に建てられた。

●仮駅舎（平成2(1990)年撮影）
旧駅舎は昭和11(1936)年9月改築の北海道らしい木造駅舎だった。旧駅舎の右隣にこの仮駅舎が建てられ、旧駅舎は解体された。

女満別駅
石北本線・北海道

●現駅舎（平成9(1997)年撮影）
平成2(1990)年11月に新駅舎が完成。3階建てで図書館を併設。駅のすぐ裏手に網走湖があることから「森と湖のほとりに建つ北欧風」のデザインになっている。

●仮駅舎（平成2(1990)年撮影）
旧駅舎は古い木造駅舎だった。駅舎改築のため平成2(1990)年5月に旧駅舎を閉鎖し、ホームに設置されたプレハブの仮待合室に移転した。

琴似駅
函館本線・北海道

●現駅舎（平成2(1990)年撮影）
昭和63(1988)年11月に高架化が完成した。旧線は現在の南側を走っていた。

●仮駅舎（昭和62(1987)年撮影）
高架化工事のため昭和57(1982)年に手稲方200メートルから現在地に移転し仮駅舎となった。

仁賀保駅
羽越本線・秋田県

●現駅舎（平成15(2003)年撮影）
平成13(2001)年6月に交通・観光センターが同居している駅舎が完成。ヨーロッパの宮殿をイメージしている。

●仮駅舎（平成13(2001)年撮影）
平成12(2000)年9月に仮駅舎に移転した。旧駅舎は仮駅舎の左側にあった。

羽前椿駅
米坂線・山形県

●現駅舎（平成17(2005)年撮影）
平成7(1995)年12月に飯豊町観光協会との合築駅舎に改築された。駅舎内ではご当地グッズなどを販売している。

●仮駅舎（平成7(1995)年撮影）
旧駅舎は昭和6(1931)年8月築の古い木造駅舎だった。建て替えのため平成7(1995)年に旧駅舎の右隣に造られた仮駅舎に移転した。

滑河駅
成田線・千葉県

●現駅舎（平成16(2004)年撮影）
平成16(2004)年12月に新駅舎が使用開始となったが、その時点では隣に役目を終えた仮駅舎がまだ残っていた。平成17(2005)年2月に新駅舎の完成式典が行われた。

●仮駅舎（平成16(2004)年撮影）
旧所在地である「香取郡下総町」の町制50周年を機に改築されることになり、平成16(2004)年ごろに旧駅舎の左隣に造られた仮駅舎に移転した。

上総松丘駅
久留里線・千葉県

●現駅舎（平成20(2008)年撮影）
平成12(2000)年3月に新駅舎として「松丘ふれあい館」がオープン。身障者対応のトイレが併設されている。

●仮駅舎（平成3(1991)年撮影）
平成3(1991)年11月に旧木造駅舎が放火に遭い、その後長い間このプレハブ駅舎で営業していた。

武蔵溝ノ口駅
南武線・神奈川県

●現駅舎（平成12(2000)年撮影）
平成10(1998)年8月にペデストリアンデッキを備えた橋上駅舎に改築され南口が新設された。

●仮駅舎（平成9(1997)年撮影）
橋上駅舎工事中の仮駅舎。改札は地上にあった。当時の出口は1か所しかなかった。

茅野駅

中央本線・長野県

●現駅舎（平成22(2010)年撮影）

昭和61(1986)年3月に橋上駅舎に改築された。旧駅舎のあった場所に造られている。

●仮駅舎（昭和61(1986)年撮影）

橋上駅舎に改築中の仮駅舎。旧駅舎の南側（東京方）に造られた。KIOSK・コインロッカーがあった。

佐用駅

姫新線・兵庫県

●現駅舎（令和2(2020)年撮影）

平成5(1993)年3月25に新駅舎に移転、改札は地下に設けられた。智頭急行が開業したのは平成6(1994)年12月。

●仮駅舎（平成5(1993)年3月14日撮影）

智頭急行建設により旧駅舎より西側に造られた仮駅舎に移転。この写真は新駅舎に移転する直前の撮影。

刑部駅

姫新線・岡山県

●現駅舎（平成14(2002)年撮影）

平成5(1993)年9月に改築され和風の外観になった。地域振興協議会との合築で、当初は物販が行われていた。

●仮駅舎（平成5(1993)年撮影）

駅舎改築中の仮駅舎。岡山県内の姫新線の駅で民営化後に最初に改築が行われたのが当駅である。

今治駅

予讃線・愛媛県

●現駅舎（平成29(2017)年撮影）

平成2(1990)年10月に高架使用開始、翌年に新駅舎が完成している。高架化事業完了は平成6(1994)年度。

●仮駅舎（平成2(1990)年撮影）

高架工事中の仮駅舎。高架工事に着手したのは昭和62(1987)年。

春日駅

鹿児島本線・福岡県

●現駅舎（令和元(2019)年撮影）
平成15(2003)年3月に橋上駅舎に改築された。当初は未整備だった駅前も現在ではきれいに整備されている。

●仮駅舎（平成12(2000)年撮影）
平成元(1989)年3月の開業時は小さな地平駅舎だったが、ほどなく橋上化が決まり仮駅舎になった。

水城駅

鹿児島本線・福岡県

●現駅舎（平成12(2000)年撮影）
平成元(1989)年改築。地平駅舎で旧駅舎のあった場所に建てられた。後に駅前も整備された。

●仮駅舎（平成元(1989)年撮影）
新駅舎工事中の仮駅舎。2階建てだった。旧駅舎の左側に造られた。

神埼駅

長崎本線・佐賀県

●現駅舎（令和元(2019)年撮影）
平成13(2001)年4月に橋上駅舎に改築された。吉野ケ里遺跡の高床式倉庫をモチーフにしている。

●仮駅舎（平成12(2000)年撮影）
旧駅舎の右隣に建てられた。現在の南口にあたる。当時の所在地は「神埼郡神埼町」。後に「神埼市」となった。

唐津駅

唐津線・佐賀県

●現駅舎（平成31(2019)年撮影）
昭和57(1982)年10月に高架化。さらに昭和58(1983)年3月に筑肥線・虹ノ松原ー唐津間の新線が開業した。

●仮駅舎（昭和57(1982)年撮影）
高架工事中の仮駅舎。現在の北口にあたり、旧駅舎も北口にあった。高架化工事は昭和53(1978)年着工。

◉著者プロフィール

西崎さいき（にしざき　さいき）

昭和40（1965）年岡山県岡山市生まれ。
昭和56年（1981）年、高校入学祝いに祖父にカメラを買ってもらったのを機に駅舎撮影をはじめる。
国鉄赤字路線の廃止予定駅を中心に撮影をすすめ、平成18（2006）6月、函館本線・蕨岱駅にてJR全駅訪問達成。
サイト「さいきの駅舎訪問（http：//ekisya.net）」運営。
平成10（1998）年10月「国鉄・JR廃止駅写真集」（自費出版）
平成19（2007）年9月～平成22（2010）年3月
「ワンダーJAPAN」（三才ブックス）「珍駅舎訪問」を連載
平成22（2010）年1月　「珍駅巡礼」（イカロス出版）発行
平成23（2011）年6月　「無人駅探訪」（文芸社）監修
平成25（2013）年1月　「珍駅巡礼2-私鉄篇-」（イカロス出版）発行
平成28（2016）年5月～　　「珍鉄　～古今東西～　風変わりな駅を訪ねて」（表示灯株式会社）連載
平成30（2018）年3月　「失われた国鉄・JR駅」（イカロス出版）発行
ほか各メディアに駅舎画像提供多数。

新駅舎・旧駅舎2

2023年9月30日発行

著　者　　西崎さいき
編　集　　大野達也
装　丁　　木澤誠二（イカロス出版）
本文デザイン　　西崎さいき
木澤誠二（イカロス出版）
画像協力　　佐々木敏昭
発行人　　山手章弘
発行所　　イカロス出版株式会社
〒101-0051
東京都千代田区神田神保町1-105
TEL：03-6873-4661（出版営業部）
印刷・製本　　図書印刷株式会社